跨文化交际与口译实践融合研究

李红梅◎著

吉林出版集团股份有限公司
全国百佳图书出版单位

图书在版编目（CIP）数据

跨文化交际与口译实践融合研究 / 李红梅著. -- 长春：吉林出版集团股份有限公司, 2021.12

ISBN 978-7-5731-0794-7

Ⅰ.①跨… Ⅱ.①李… Ⅲ.①口译—研究 Ⅳ.①H059

中国版本图书馆CIP数据核字(2021)第246552号

KUA WENHUA JIAOJI YU KOUYI SHIJIAN RONGHE YANJIU

跨文化交际与口译实践融合研究

著　　者：李红梅

责任编辑：郭玉婷

封面设计：雅硕图文

版式设计：雅硕图文

出　　版：吉林出版集团股份有限公司

发　　行：吉林出版集团青少年书刊发行有限公司

地　　址：吉林省长春市福祉大路5788号

邮政编码：130118

电　　话：0431-81629794

印　　刷：晟德（天津）印刷有限公司

版　　次：2022年6月第1版

印　　次：2022年6月第1次印刷

开　　本：710 mm×1000 mm　　1/16

印　　张：13

字　　数：200千字

书　　号：ISBN 978-7-5731-0794-7

定　　价：78.00元

目　录

第一章　跨文化交际基本概述

第一节　跨文化交际的内涵与特征

一、跨文化交际的概念

跨文化交际是一社会学名词，英语名称是"cross-cultural communication（或inter-cultural communication）"。这一概念最初是由美国人类学家霍尔在其跨文化传播（交际）学的奠基之作《无声的语言》中提出的。它指本族语者与非本族语者之间的交际，也指任何在语言和文化背景方面有差异的人们之间的交际。通俗来说就是如果你和语言不通的人打交道，由于存在语言或文化背景的差异，需要注意什么问题，应该如何得体地去交流。学者哈姆斯（L.S.Harms）认为，人类发展历史上的交际经历了五个阶段：语言的产生——文字的产生——印刷技术的发明——交通工具的进步与通信手段的发展——跨文化交际。

从交际经历的五个阶段可以看出，跨文化交际是随着社会发展出现的交际行为，指具有不同文化背景的人展开的交际行为。跨文化交际的产生，主要源于文化多元化、文化冲突与文化侵略等内在动因以及世界交流增多等一些外在动因。

（一）文化多元化

随着人类文明的不断发展，经济技术的飞速进步，世界各国和各民族的经济文化一体化的趋势已经越来越明显，世界文化的全球化正在逐步形成。全世界的人们都已经明显感到当今世界正在变成一个往来愈来愈密切的地球村。然而，文化多元化的特性也越来越突出，这是导致跨文化交流出现障碍的重要因素。

1.文化多元化之民族多样性

虽然是一个地球村，但里面居住着的是许多来自不同国家、不同文化背景的居民。这些居民们生活在不同的地理环境里，不同的地理环境催生出了不同的语言、习俗，这些差异经过长时间的积累，慢慢形成了独具特色的文化背景，由此组成了一个个不同文化魅力的民族和一个多元化的地球村。

由上可知，世界文化其实是多元的，而民族多元化是世界多元化的一个重要成因。文化多元化可以从多个角度进行解读。从其中较为广泛的角度上来说，全世界每一个历史时期所拥有的文化都是各种各样的，比如在同一历史时期可以出现古希腊文化、罗马文化、两河文化、中华文化、古埃及文化和古玛雅文化等等，每一种文化都独具特色；而从其中比较小的角度来说，同种地域文化之下不同部落、民族和国家还拥有各自不同的文化，比如中华文化下面有汉文化、藏族文化等等。然而由于人类生命的趋同性和生物性，由人类创造的不同文化除了差异性也有很多的共性，比如共有的情感共鸣和对美、和平、繁荣等的追求。

尽管世界上大多数民族和地域的人都具有共同的发展追求，但是不同文化背景下的人在生活习惯和民族习俗、价值观上的差异还是比较大的。比如，在东亚地区人们大多数习惯吃米饭，饮食以谷物、蔬菜居多，以汉语、汉字作为交流媒介为主，而欧美地区多数国家的饮食结构比较偏重肉类、奶酪等高热量食材，以英语、拉丁字母作为交流媒介为主；更具体的文化差异比如，在中国人们点头是表达一种肯定，然而在阿拉伯，点头却是否定和不确定的意思，摇头才表示赞同。不同的民族与民族、国家与国家之间的差异实在是太多了，无论是日常的衣食住行还是抽象的世界观、价值观、思维方式等等，不同文化背景下的人们都有各自独有的表达。

然而我们要知道世界大而不同，正是因为有着不同的各具特色的文化体，才构成了世界文化的多姿多彩。各个文化之间有差异性是正常的，和而不同，美美与共才是我们面对这个具有差异性的世界的正确之道。

2.文化冲击与文化冲突

因为文化与文化、民族与民族之间存在着差异性，所以才出现了文化冲击和文化冲突。虽然这种文化冲击和文化冲突伴随着文化交流一直都存在，但是文化之间的交往并没有停止，而且随着世界文明的进步，不同文化之间的交流呈现越来越密集的趋势。同时事实也证明，一定的文化冲突有助于使文化交流和文化的自身拓展变得丰富多彩。

文化冲击原意是指一个人从其固有的文化环境中移居到一个新的文化环境中所产生的文化上的不适应。文化冲击可以是多方面的，从气候、饮食、语言、服饰，直至行为举止、人口密度、政治经济环境等等；既有身体的因素，更多的是精神因素。文化冲突则是一个文化冲击之后的概念，它是指两种或者两种以上的文化相互接触所产生的竞争和对抗状态，更多的是指当两种互相不同的文化发生交往时所引起的一个文化博弈现象。文化冲突这一现象存在的前提正是因为文化是多种多样的，不同的文化、文化与文化之间进行交流，那么就很有可能产生这种关系对立的文化现象。

由此可见，文化冲突其实是一种必然现象，它源于文化之间存在的差异。在很多情况下，文化冲突是必不可免的，但是人类自始至终追求的不是争端而是进步和和平，因此只有不同文化之间保持相互尊重、相互理解，才能在和平的基础上进行国家与国家之间、民族与民族之间的友好文化往来和交流。

（二）文化侵略

原本文化侵略，指的是一种不好的现象，即违背文化之间平等的原则，为了达到政治或者商业利益而对其他文化进行的一种强制性、诱骗性的文化强迫。而本文中，文化侵略的含义偏中性，取消了那一层贬义的词义，主要指的是一种文化融合到另一种文化之中。实际上，本文中的文化侵越和文化交融是相等同的，表示文化与文化之间的互动和相互之间的吸纳交往，引用这一概念能加深我们对文化与文化之间关系的理解。

（三）外在动因

进行跨越文化之间的交流是有难度的，所以这一行为背后会有很强的动机，而这些动机在某些时候会受到很多因素的影响，一般来讲会受到内在与外在的动因以及正面与负面动因的影响。

1.正面的外在动因

跨文化交际的正面动因是科技和经济的快速发展。得益于科技的快速发展，世界各地的人能通过交通工具和互联网连接到一起，而经济全球化的快速发展使得各个国家更加紧密地相关了。

（1）技术支持

跨文化交际首先是需要有技术层面的支持，如果世界还是在航海时代之前，那么技术的落后是没有办法使两个大陆的人相互来往的。而在今天，交通方式一应俱全，海陆空任君挑选，人们的出行变得十分的便捷，高铁，飞机，地铁，轮船等等。

由此可见，随着交通运输的便捷，世界各地人们之间的交际会越来越频繁，越来越简单，世界最终会成为一个各族人民紧密相连的整体。此外，随着航天航空技术的发展，人类逐渐在突破地球，逐渐开启翱翔太空的时代。

在方便各族人民的交流往来层面上，不仅仅依靠的是当今便捷的交通，还得益于强大的通信技术。比如移动电话技术使得两个远在千里的人，只要打个电话就能进行沟通交流；互联网技术使得不同地域的人，只要通上网络就能连接在一起。

综上所述，便捷快速的交通技术使得世界各地的人们之间可以随意往来旅游，高效现代的电子通信技术使得各个地域、各个国家的人们之间可以进行远程的沟通和交流，这两种正面因素极大地促进了不同文化之间的交流与碰撞，也是各个国家之间交往日益密切的一个技术保障。在这两种正面因素的作用下，各个国家之间会变得更加密不可分，有利于经济全球化和文化一体化的进程。

（2）物质基础

在进行跨文化交际的过程中还有一个因素格外重要，那就是一个国家的国民经济基础。在一个经济发达的国家，出国进行旅游的人数会相对庞大一点。这种现象也不难理解，根据马斯洛的需求层次理论，只有解决了最基本的生理需要，比如温饱，才能顺利达到更高层的认知需要，比如对旅游的需要。在当今相对和平稳定的世界环境下，世界经济高度繁荣，造就了许多人相对而言比较富裕幸福的生活，因此跨文化交际也随之高度频繁。由此可知，经济基础是影响文化交流的重要因素。

2.负面的外在动因

在跨文化交际的动因之中还有一种负面动因，听起来似乎负面动因不是能起促进作用的一个因素，但它实际上确实是可以的。

（1）人口的快速增长

跨文化交际的逐渐频繁和人口快速增长之间是有着必然关系的。

首先，当人口快速增长之后，人们的生存竞争会加剧，而且在一些欠发达国家，生存竞争是极为激烈的，因此有些人会被迫远走他乡去寻找机会。

其次，由于人口的快速增加，对粮食等生存资源的消耗会变大，因此会出现很多问题，比如粮食危机、资源匮乏等等。需要注意的是，以上这些问题基本是在全球的范畴内发生的，需要世界上各个国家共同去面对和解决。

（2）粮食的短缺

即使是在经济相对发达的今天，粮食短缺在全球范围内依旧是一个很严重的问题。世界许多地方每天都有很多人在与饥饿作斗争。粮食短缺问题如果不被解决，会由此产生很多灾难性的问题，比如饥荒、局部性的混乱和死亡，这些后果都是人道主义精神的灾难。同样，粮食短缺问题不仅仅是部分国家的事情，更是整个世界的事情，因此解决粮食短缺这一问题需要很多背后支持的力量。

（3）自然资源与能源的短缺

大自然给予人类的资源不是无穷无尽的，这一点是所有人的共识。而在资源分配的过程中自然会产生很多分歧和矛盾，每个国家都想要拥有更多的资源，有些国家甚至会违背国际道德武力侵占别国的资源。历史上，因为抢夺资源而发起的战争比比皆是。但是我们要明白，争端和武力手段绝不是解决资源分配不均问题的根本方法，只有组织起跨文化的合作和商讨才能找出一个使各方都满意的方法。

（4）生态环境的恶化

随着经济趋于全球化，国家与国家之间已然逐渐呈现一种紧密相关的状态，而环境污染、生态危机同样也如此，我们更多地看到的是一国污染全球买单的局面，环境污染已然突破地域边界。

随着环境污染的严重化，人类的生存环境也在逐渐恶化，比如近年频繁被提及全球气候变暖。全球气温升高已然严重危害到了地球两极动植物的生存环境，随着冰盖融化，海平面上升，很多海平面较低的岛屿会被淹没。为了改善生存条件，争夺生存资源，彼时国家和地区间的冲突和矛盾只会更加尖锐。

全球环境污染的严重后果已然是人类共识，但解决环境问题是长期的且多边际的，光靠单个国家是很难起到作用的。全球环境问题需要更多的国家携手共同面对，共同制定一个全世界认可的降低环境污染的方案，才能保护好我们赖以生存的地球环境。

二、跨文化交际的主要特征

（一）文化的优越感

在跨文化交际中，交际者之间的文化不断碰撞，交际者在民族文化归属感和认同感的基础上，很容易形成民族文化优越感。

文化优越感是民族文化长期浸润的结果。当人们初次交遇他族文化时普遍会有些许的不适应，这是由于对自身文化的适应融合，当双方出现文化差异时，自身的文化优越感就会认为自己是对的，而对方是错误的，同时还会潜意识维护本族文化。

但是，在跨文化交际中文化优越感的存在会直接影响交际的顺利程度。文化并无高低贵贱之分，文化优越感主要是从主观上对非本族文化进行评判，是一种狭隘的价值观倾向。跨文化交际者应该保持开放的交际心态，努力去了解包容他族文化，同时适当地宣传本族文化中的优秀成分。

（二）文化的无意识性

在本族文化长期的浸润下，人们会对本族文化无意识的形成文化认同感，这就是文化的无意识性。

文化是在人们的生产生活中逐渐产生的，属于后天习得的范畴，并且需要依托一定的文化环境。除此之外，个体在成长过程中会受到家庭、学校、社会的文化灌输，因而更加熟悉本民族的文化规则。长此以往，个体的行为就会带有鲜明的本民族文化烙印，而在文化交际中更加倾向于本民族的文化准则。

在跨文化交际中，个体的行为脱离本民族文化规则就可能影响生活的进行。文化的无意识性需要交际者跨越自身的文化规则，使用更加客观、开放的态度对待交际方，从而使跨文化交际向着更加顺利的方向进行。

第二节　跨文化交际的意识与能力

一、跨文化交际意识概述

（一）跨文化交际意识的内涵

人类的意识对行动起着引领作用。人们在跨文化交际中，只有首先具备跨文化意识，才能按照跨文化交际规则，对对方的行为有正确的理解，从而顺利展开交际活动。

各种文化，尤其是东西方的文化存在着很大的差异，并且同种文化内部的不同个体之间也存在着明显差异，因此跨文化交际必然会遇到很多障碍。但不同文化形式共存于世界是必然的，因此文化差异的双方应保持平等的姿态展开交流。人们对跨文化意识的了解有助于当代社会人们跨文化交际活动的进行。

在跨文化交际中，跨文化意识主要体现在人们的认知上，即对人的思维产生作用，而这样的认知思维对个体行动有着重要的指导作用。另外，跨文化意识还具有文化性，因此交际双方对自身文化与他国文化的特征要注重了解和探求，从而提升自身的交际理解力。

世界上各种文化是平等的，交际者需要在基本的跨文化交际意识的支持下，对不同文化之间的差异有着敏锐的洞察力，从而能快速捕捉到跨文化交际的问题，进而顺利展开跨文化交际。

（二）跨文化交际意识的培养

跨文化交际意识的培养并不能一蹴而就，而是一个循序渐进的学习过程。具体包含对文化词汇、文学典故的学习；对不同价值观念的了解；对各种民族节日的认识；对社交往来规范的熟知；以及同样重要的非言语交际。

在跨文化意识学习的过程中，主要可以从四个层次入手。

1.旅游者心态

在文化差异冲突初期，交际双方会存在一个观察阶段，即交际者往往会根据自身的文化对其他文化进行观察与审视，仅从表面认识他国文化实物，并不了解不同文化事物间的联系。在这一层次，交际者很容易受到文化优越感、文化偏见的影响。

2.文化休克

由于文化的差异性，所以当交际者遇到不同文化时，会因为对异域文化的不了解，不能适应异域文化，从而产生逆反心理，甚至会出现冲突。即当交际者经历交际困难之后，会产生逆反心理，甚至对异国文化进行对抗，这就是一种文化休克的表现。

3.理性分析与愿意适应

在经历过文化休克之后，交际者的跨文化意识会有所提升，交际者之间也会交流得越发频繁，因此交际者开始接受新的文化环境，并且对其展开理性的分析，实际上这也是交际者渐渐适应新环境的文化形式。

4.主动了解和自觉适应

交际者对新的文化形式进行主动了解与自觉适应，并且能够挖掘出不同文化事物产生的原因，对不同文化价值观与社会状况进行分析，这是交际者主观上的一种改变，也是跨文化意识培养的最高层。

二、跨文化交际能力概述

（一）跨文化交际能力的内涵

跨文化交际能力是一种以交际能力为衬托，在处理问题时可以运用跨文化知识来化解矛盾的能力。主要表现为对待文化的态度以及文化差异的表现，在实际的跨文化交际的过程中，只有表现好交际能力和语言得体性两个方面，才可以实现有效的交际目标。实现跨文化交流，前提是要保证符合母语文化的社会规则与行为准则。

（二）跨文化交际能力的培养

1.了解文化差异

人类文化既具有共性，也具有明显的差异性。交际者只有对这些差异性有所了解，才能培养自身的跨文化交际能力。在具体的交际过程中，东方与西方、不同民族在价值观念、时间观念等层面都存在一定差异，因此交际者需要认识、了解并尊重不同文化的差异，这样才能保证交际顺利进行。

2.发展跨文化技能

当了解了文化差异后，交际者需要发展跨文化技能，具体来说可以从以下几点着手。（1）扫除思维定式的障碍；（2）扫除民族中心主义的障碍；（3）对交际情境能够灵活处理；（4）深层次了解目的语文化及内部规律。

第二章　跨文化交际学理论的构建

第一节　文化、交际与跨文化交际

一、文化与交际

（一）文化概述

1.文化的定义

据学者考证，"文化"一词最早出现于中国古籍，是中国语言系统中古已有之的词汇。在汉字中，"文化"一词最早出现在甲骨文中。其中，"文"的本意是花纹、纹理，之后在不断的发展过程中，其含义不断扩展，成为包括语言文字在内的各种象征符号，并且体现在礼乐制度、文物典籍、文采装饰、人文修养等方面。"化"的本意是生成、造化，《易·系辞下》中有"男女构精，万物化生"，这里的"化"是变化、教化的意思。之后战国末年出现了"关乎天文，以察时变；观乎人文，以化成天下。"的说法。这时"文""化"同时出现，主要的意思是观察天文用以察觉天时的变化，观察人文用以达到对天下百姓的教化。引导民众讲文明，守秩序，并由此而推及天下，以成"大化"。

到了西汉时期，"文""化"逐渐成为一个词，刘向在《说苑·指武》中说道："圣人之治天下也，先文德而后武力。凡武之兴，为不服也，文化不改，然后加诛。"从中可以看出，这里的"文化"是与"质朴""野蛮"相对的，意指古代封建王朝百姓施行的文治和教化。晋代束广微在《补亡诗·由仪》中说："文化内辑，武功外悠。"《文选》李善注："言以文化辑和于内，用武德加于外远也。"随着时间的发展，"文化"一词的内涵逐渐扩大。

拉丁语cultura是英语中的culture和德语中的Kultur的来源，其最初的意思是农作物或动物等的耕种、培育。在现代英语的词汇中，仍旧保留了主义含义，例如，cultured peal（人工养殖的珍珠）。随着时代的不断发展，到16世纪，culture的意思有了进一步的拓展和延伸，开始用于对人身的训练和培育，之后对人非身体方面的培养也用culture。所以，culture一词由本来的土地开垦、植物栽培之义，逐渐引申为开发人的身体和精神，并逐渐泛指人们的思维方式、生活形式，以及在改造世界和改造自我的过程中形成的精神与物质财富。

据威廉姆斯（Williams）分析，目前，culture的用途主要有三个：（1）对知识、精神、美学发展的一般过程进行描述；（2）体现一个民族、一个时期、一个群体或者整个人类的生活方式；（3）对艺术活动的实践和成果等智力成就进行描述。

人类在发展过程中创造了文明，形成了文化。中外学者从不同的角度和层面对文化这一概念进行了深入的研究和探讨。

2.文化的分类

文化根据划分依据的不同，可以分为不同的类型：

（1）知识文化与交际文化

文化依据其内涵特点的差异，有知识文化与交际文化之分。

《辞海》中说："为便于区分，人们习惯上将文化分为两类，把社会、政治、经济、文学、艺术、历史、哲学、科技成就等称为知识文化（intellectual culture）；把社会习俗、生活习惯、思维方式及行为准则等称为交际文化（communicative culture）或常识文化。"

交际文化内部还有分类。在交际中，交际者容易理解和把握交际对方的生活方式、社会风俗等外显形式的文化，所以称之为外显交际文化。但交际者不容易觉察和把握交际对方的价值观、世界观、思维方式、情感态度等内隐文化，称之为内隐交际文化。外显文化关注的是某种文化背景的言语和行动本身，而内隐文化探讨的是言语和行动背后的内在渊源。

基于此，美国跨文化研究的著名学者拉里·萨莫瓦尔（Larry A.Samovar）在《跨文化交际》中认为"语言、食品、衣着、对待时间的态度、工作习惯、社会行为等方面的差异仅仅可用以解释一部分跨文化交际中存在的问题。大多数的误解却来源于远比表面上的差异更深刻的原因。……我们现在已知道，文化的深层结构常常是决定一个人如何对事件以及他人做出回应的重要因素。一种特定文化的成员看重的是什么以及他们怎样感知宇宙通常要比他们是否用筷子、双手抑或金属器皿吃饭更显得重要。"

此外，他还认为"仅仅知道一些民族在彼此致意时是弯腰鞠躬，而另一些民族是相互握手；一些民族尊崇缄默，而另一些民族崇尚言谈；一些民族解决难题时依靠慎重思考，而另一些民族则总好冲动行事等是远远不够的。尽管这些行为举止也是具有重要意义的，但我们还是有必要知道到底是什么动机促使他们有如此不同的举止表现。我们认为，各种文化对于整个世界的看法的根由可以在其文化的深层结构里找到，因为正是这种潜在的深层结构使得每一种文化表现出其独一无二的特点。"

上述所说的"文化的深层结构"在本质上来讲与内隐交际文化可以相提并论，它对人们如何对事物、他人做出反应以及基于何种心理动机做出这样的反应起着决定性作用。同时，也对一种文化注重什么以及如何感知外部世界起着决定性作用。

相较于知识文化，人们应该更加关注和重视交际文化，使其成为文化研究者系统深入研究的对象。而在交际文化中，研究的焦点是内隐交际文化。原因在于研究内隐交际文化能够使人们深层次交际的需要得到满足。

（2）高语境文化与低语境文化

根据文化对语境的依赖程度，可将其分为高语境文化与低语境文化。要想对这一分类有一个更好的认识和理解，首先需要对语境的内涵进行探讨。语境（context）是指语言交际和非语言交际遵循或蕴含的历史、文化等信息及交际所处的时空背景或文本中的上下文。在诸多交际中，语境所涵盖的意义是非同寻常的。但是，需要注意的是，文化背景的差异导致人们通过语境进行交际的方式或程度上的差异也是极大的。在这个基础上，霍尔（Edward T. Hall）将文化分为高语境文化和低语境文化。前者对语境具有较高的依赖程度，交际的实现主要依靠非语言符号实现；而后者对语境具有较低的依赖程度，交际的实现主要依靠语言符号实现。

在霍尔看来，在中国、日本、韩国等高语境文化中，在生活体验或信息网络等方面具有同一性或同质性的特点。一般来讲，高语境文化经过长时间的发展，其语境信息对外部环境产生的反应是始终如一的。因此，对于处于高语境文化中的人来说，其头脑中已经存储了大量的交际信息，而其言语中所含有的信息量较小。这就是来自中国等亚洲国家的人在跨文化交际中大多内向、含蓄、委婉的原因所在。

与高语境文化相比较，在美国、德国、瑞士等低语境文化中，在文化的传承方面存在着较大的文化差异，具体体现为在生活体验、信息网络等方面存在着极大的不同，这就要求人们在交往过程中，要对背景和语境信息有一个详尽的了解。也就是说，大量的信息蕴含在语言交际中，只有少量的信息蕴含于在语境中以及交际者本身。这就是西方人在交际中更加外向直白的深层原因。

从以上论述可以看出，高语境文化与低语境文化之间的差异较大。来自这两种语境文化中的人在交际的过程中，必须对两种不同文化的特点有所了解，便于选取适合的交际方式，对自己的交际策略进行及时调整，提高交际的有效性。

（3）物质文化、制度文化与精神文化

"文化三分法"划分的依据是文化的表现形式，具体可分为物质文化、制度文化、精神文化。

①物质文化就是完全物化形式的文化，具体是指具有独特文化色彩的实物，在文化中处于基础地位，既是一种文化中的技术与物质产品，又是人类适应与改造世界的物质手段，具体包括生产工具、房屋、生活用品、服装及各种人类行为的产物等。

②所谓制度文化，指的是人类为了对内部关系进行完善，所采用的调节行为及改造世界的手段，具有突出的组织性，所有规章制度、管理机构与适应人际关系的行为模式等均属于这一范畴。制度文化的范畴包括人们共同遵守的规章制度、法规等。

③所谓精神文化，指的是人类在形成对主客观关系的认知，自我改造与实现自我价值过程中所采用的知识手段，价值观、伦理、风俗、文学等均属于这一范畴。

（4）高层文化、民间文化与深层文化

按照文化层次的高低，文化可以分为高层文化、民间文化和深层文化。

①高层文化又称为精英文化，意指相对比较高雅的文化内涵，如历史、

哲学、文学、艺术、宗教等。

②民间文化又称为通俗文化，意指与人民生活密切相关的文化内涵，如风俗习惯、生活方式、人际交往方式、社交准则等。

③深层文化又称为背景文化，意指隐而不露的、起决定和指导作用的文化内涵，如思维模式、心理结构、价值取向、世界观、态度情感等。

（5）行业文化

行业文化的划分依据是社会现有行业的不同，如娱乐文化、饮食文化、服饰文化、建筑文化、茶文化、酒文化等。

（二）交际概述

1.交际的构成

（1）信息源

一般来讲，具有交际需要和愿望的具体的人就是所谓的信息源，是制造消息的人。其中，交际需要就是指个体希望自己作为个体的存在得到别人的认可，与他人共享自己的思想或改变他人的态度和行为的社会需要。而交际愿望是指与他人共享自己的内心世界的愿望。交际的前提条件是至少有一人以上参与，所以，通常在交际过程中会有多个信息源共同存在。

（2）编码

交际过程离不开符号的辅助，原因在于交际双方的观念和思想存在着差异且不能直接共享。人们需要借助于符号将思想表达出来，编码就是将思想转化成符号的过程。需要注意的是，编码对语码的选择、组合以及信息的创造过程并不是随意的，而是有依据的，主要依据的就是社会、文化和交往规则，语言本体的词法、句法等规则。在对同样的思想内容进行阐释的过程中，在不同文化背景的影响下，人们会使用不同的符号。此外，交际中使用的符号包括语言符号和非语言符号，在进行编码时，可以依据具体情况选择使用哪一种符号进行表达更为有效。

（3）信息

信息是编码的结果。信息源想要分享的意图和感受直接体现为信息。信息的表达主要有两种符号：第一，语言符号，如词汇、语法和思想的组织；第二，非语言符号，如身势语、声音以及个人性格的某些方面。信息具有独特性，即便是出现了同样的信息，由于信息接收方式上的差异，其发生的情景也是不尽相同的。

（4）渠道

渠道是传递被编码的信息的途径，也是信息源和信息接收者产生联系的中介。信息传递手段形式具有多样化的特点，主要有书面形式（书信往来、书刊、报纸、告示等）、电子形式（电话、电视等）、声波和光波形式（广播、录音、图片等）。所以，对于信息传播的渠道来说，也具有多样化的特点。主要有声波和光波以及味道、气味和触摸等。

（5）干扰

对信息产生影响的任何因素都可称之为干扰。总体而言，干扰有以下三种类型：

①外部干扰

外部干扰是指分散人们注意力的声音、图像以及其他刺激物。外部的社会和自然环境是外部干扰的主要来源，这对接收信息有着阻碍作用。

②内部干扰

内部干扰是指发出或接受信息的人将思想和感受集中于其他的事情上，对交际没有予以高度重视，从而造成的对应关注的信息没有被关注的现象，如上课讨论中，有学生心不在焉，想着其他的事情。

在某些情况下，内部干扰也包括人们的信仰和偏见。

③语义干扰

语义干扰指因信息源发出包含多层含义的信息符号而造成的干扰。例如，小张说："我和小红挺好的。"可以理解为小张和小红的状况好，也可以理解为小张和小红的关系好。

（6）信息接收者

接收并注意信息的人就是所谓的信息接收者。接受者对信息的接收分为两种情况：

①有意识的，也就是说，信息源想要交往的对象就是信息接收者；

②无意识的，也就是说，听到某个人的信息是偶然发生的。

一般来讲，交际具有连续性和反复性的特征，所以，在交际时，人们既扮演信息源的角色，又扮演信息接收者的角色。

（7）解码

解码是与编码相反的，是指将信息从已经编码的形式恢复到编码前的原状。在这个过程中，信息接收者的参与是积极主动的，并将接收到的信息赋予内涵。

（8）信息接收者的反应

信息接收者在解码后的行为称之为信息接收者的反应。通常，信息接收者的反应主要有两种：

①对信息源的行为不做任何反应；

②对信息源的行为做出反应，既可以是信息源所期望的，也可以是信息源不希望看到的。

（9）反馈

对于信息接收者来说，反馈是其不可缺少的一部分。所谓"一千个读者就有一千个哈姆雷特。"不同的读者由于文化背景知识、理解水平等方面存在差异，导致就算是看一样的书，其反应也会有明显的差别。反馈对交际的意义是非同寻常的，交际者可以借助于反馈对信息传达和分享的有效性进行检验，以随时调整自己的言行。在通常情况下，交际者在面对面的交谈中能够得到最多的反馈。

（10）语境

所谓语境，指的是交际所处的地方与情境，倘若对交际所处的语境有一个整体上的认识，就能使人们对交际有更加深入地了解，并在一定程度上帮助人们提高对交际行为进行预测的准确度。

2.交际的本质属性

在英文中，"交际"的表达方式有两种：social intercourse和communication。其中，前者对交际的"社会性"进行了强调，而后者则对交际的"交流性"进行了强调。commonis是communication在拉丁语中的来源，有"共同"之意。从而可以看出，与交际具有紧密联系的概念有"社会共同""社会共享"等，甚至可以认为交际进行的前提条件就是"社会共同""社会共享"。

"交际"一词在汉语中也是自古就有，指接触来往。《辞源》中将交际解释为："际，接也。交际谓人以礼仪币帛。"在《现代汉语词典》中，交际是指"人与人之间往来接触。"

整体看来，东西方文化对交际有着不同的认识和理解。东方文化认为交际的功能在于两个方面：第一，对信息的发送和接受；第二，使人际关系得以保持。第二个方面的功能更为重要。而西方文化则认为交际的主要功能就是传递信息的工具性功能，有效交际的标准就是是否达到了个人的目的。

具体看来，不同的学者对communication这一词下的定义至少有一百多种，因此，本书在此不再一一列出，仅在此列出比较有代表性的定义，例如Samovar等曾对"交际"的界定如下："交际是人类在相互交往中使用符号创造意义和反射意义的动态、系统的过程。"这一定义对交际的本质属性进行了深刻揭示，对这些本质属性进行分析可以对交际的内涵有更深刻的理解。

（1）交际是一个编码、解码的过程

信息交流就本质而言即为一个编码——解码的心理活动。所以，从这个意义上来讲，交际也是一个编码——解码的过程。其中，编码是指将思想、意识、情感等编成语码的过程，而解码就是解释接收到的外界信息或符号并赋予意义的过程。有效交际的实现需要具备的条件主要有以下两个：第一，交际双方共享的语码系统是相似或相同的，也就是说，交际双方使用的语言是相同的，这样才能保证交际的开展。第二，交际双方要准确理解和把握其他相关因素。社会文化环境会不可避免地影响交际活动。

（2）交际是一种有意、无意的行为

符号在交际中起着接受和传达信息的中介作用，不仅包括语言符号，而且也包括非语言符号。人的交际行为是由有意识和无意识的行为组成的。其中，占据主导地位的无意识行为，如站立、行走、手势、言语行为等。特别需要注意的是如眨眼睛、微笑、脸红、点头、皱眉头等非语言行为，无论本人本身是否有此想法或打算，一旦引起别人注意，那么就构成了交际，传递了信息。

研究表明，在正常的、熟悉的交际环境，或是人们在与文化背景相似的人进行交际时，交际行为多是无意识的或意识性很弱的；在陌生的环境中，或是在与文化背景不同的人进行交际时，人们交际行为的意识性就会有所增加。

（3）交际是一种语法和语用规则

交际行为的开展会受到语法和语用规则的规范和制约。规则对于交际来说有两方面的作用：一方面规则制约着交际的顺利进行。如果交际双方拥有的文化背景是相同或是相似的，就能共享这些规则，交际就会顺利实现；若交际双方拥有不同的或是差异较大的文化背景，语法和语用规则就会存在差异，交际就不能顺利实现。

另一方面，规则为交际提供了便利条件。有效的跨文化交际是通过来自不同文化背景的人们掌握对方文化的规则来实现的。在一定的交际情景和文化背景中，一些交际固定的语言规则和语用规则逐渐形成。交际双方借助于这些固定的规则对对方的交际行为进行预测。所以，从这个层面上讲，交际的过程是交际双方预测彼此交际行为的过程。这种预测有时是有意识的，有时则是无意识的。对预测的准确程度产生影响的因素主要有以下两方面：第一，交际者理解交际环境因素及其与交际行为相互作用的关系所达到的程度；第二，交际者对文化、语言和语用规则进行掌握和运用的熟练程度和灵活程度。

可以说，对影响交际的因素认识和理解的程度和预测能力是成正比的，如果个体能够更加深入地认识和理解对交际产生影响的因素，就具有更强的预测能力，交际的有效性也就更强，反之亦然。

第二节　跨文化交际学研究

一、跨文化交际学的研究视角

（一）社会心理学视角

人际沟通的理论和框架是社会心理学视角所重点研究的内容，而批评家认为传统交际理论研究的弊端在于其理论特征中带有父权社会性和隐晦民族中心主义因素，而且简单化的分类模式也造成文化定势这样一个总体导向。同时在研究跨文化交际时，不对个人在文化方面的创造力给予肯定而是将某个人假定在一个特定时间和地点里，假设其属于某一文化背景，因此"生态谬论"就逐渐成为跨文化研究的代名词。

清晰界定与阐释交际中的文化差异，同时准确推测今后的交际状况是这种研究方法的目的，如下假设便是这些跨文化交际研究的基础：其一，外部现实可描述；其二，可预见人类行为；其三，文化变量可测量。

（二）批评视角

研究者的研究重点在批评视角中是在于语境对我们跨文化互动可能产生的影响。对某一身份说话人的表达在性别、种族、阶级等分歧会产生的不同影响做出揭示，对文化多样性的思想意识进行了限制。该方法将视角中的多种假设及其阐释包含其中，将宏观背景放在重点位置，典型的有政治和社会结构因素对交际的影响，其中自我反思是这种方法提出的另一个关注点。

（三）阐释视角

阐释视角的学者对于交际中主体的复杂性极为重视，他们对于现今简化过程的研究方式占据主导地位表示不认同。就本质而言，跨文化交际研究同人际关系研究没有区别，跨文化交流是时刻发生变化的，类似于生活快照。由于关系在现实中的存在是极为复杂的，因此以这种视角展开研究才能更多地顾及全面性和完整性。阐释视角这一研究角度可以说是非常新颖的，对跨文化的定义和意识形态性质提出了挑战。其核心是把握与刻画某个文化群体的人类行为，该描述以下列前提为基础：其一，人类经验具有主观性；其二，人类行为不可预测，具有非确定性和创造力；其三，交际创造并维持文化。

（四）本质主义与非本质主义视角

跨文化交际研究可以基于本质主义或非本质主义的视角加以分类。研究者在分析跨文化交际内涵的过程中，可将文化的本质、成员、关系、交际等作为出发点。

1."文化"从本质主义文化视角看来，其可作为一个实际存在的，可以访问的地方。以社会为观察角度，由于认知特征的平均分布性，因而它也是均质的。因此，从本质主义文化视角出发的学者会侧重于将各种文化看作是平等的。而从非本质主义视角看文化，则认为文化是一种社会力量，社会是复杂的、具有特色的，难以控制，从而导致文化也是复杂的、具有特色的，难以控制。因此，从非本质主义文化视角出发的学者会侧重于个文化之间的差异。

2.本质主义视角所认为民族文化在世界上是互不相容的，从根本上看一种文化中的人是不同于另一文化中的人的。因此，从本质主义视角出发的学者会侧重于文化交流中不变的内容。而文化能变化、混合、跨越并穿越另一种文化论断出自非本质主义视角，其认为文化受到限制是出于国界的影响，同时造成了非常模糊的界限。因此，从非本质主义文化视角出发的学者会侧重于文化交流中相互交融的内容。

3.本质主义文化视角对地点有新的理解，认为一个国家和语言紧密联系着地点这一概念，同时还密切关系到国家所在大洲的种族文化、宗教文化以及亚文化的发展。因此，从本质主义文化视角出发的学者会将文化与地域相联系。但强调涉及地点和价值的即属于非本质主义视角，人类的联系范畴拓展至所有时间段及各种类型的组织，对它的辨别可以语言或话语为主要途径。因此，从非本质主义文化视角出发的学者会对各种地域文化进行比较，需找差异性。

4.人与某一国家的文化和某一种语言的关系是紧密的，本质主义视角认为这是一种从属关系，但基于非本质主义视角，人即为一个多元化的文化体，能够无障碍地在社会之中或社会和社会之间穿行。

5.从本质主义视角来说，本质主义视角认为与外国人或不同的人交际，我们必须首先了解他们文化的详情和模式。从非本质主义视角认为与你所不熟悉的组织中的任何人沟通，我们必须要了解他身份的复杂程度。

二、跨文化交际学的研究意义

（一）发现差异

在世界范围内，不同的国家与民族形成了各种各样独具特色的文化。文化的多样性是跨文化交际学进行研究的前提。通常情况下，一种文化背景下的人们觉得是司空见惯的东西，对于另一种文化背景下的人们来讲，可能却很难理解。此外，就算是多种文化中都存在的概念，对于不同文化背景的人来说，也具有不同的含义。如果不了解不同国家或者民族间的文化差异，在进行跨文化交际的时候，交际双方就会因为文化差异形成分歧，进而对彼此的沟通产生负面影响，通过对各种文化背景下的人们的文化特征进行对比分析，跨文化交际旨在找出不同文化的人们间存在的差异，并且将这些差异展示给他们。

（二）认识差异

认识差异已发现差异为基础，如果没有跨文化交际对于不同文化间的差异进行研究，生活在不同文化中的人们可能对于对方生活的自然环境、社会结构以及深层次的文化结构，如价值观、宗教信仰、禁忌等，完全不了解。这样，来自不同文化的人们就很难进行跨文化的沟通与交流。而且，就算跨文化交际对于不同文化间存在的差异进行了罗列，人们在进行跨文化交际的时候还是会存在很多问题。

因此，跨文化交际研究除了要帮助人们发现不同文化间的差异外，更要帮助他们认识与理解这些差异，只有这样，不同文化背景下的人们才能更好地进行跨文化交际。从这个角度来看，跨文化交际研究就是要在使人们对不同文化差异有所了解的基础上，使其能够对于本土文化外的其他文化能够持一种积极、理解的态度，进而在与其他文化的人们进行交际的时候能够减少摩擦与障碍。

（三）超越差异

相对于理论意义而言，跨文化交际具有更重要的实践意义。通过进行跨文化交际研究，人们不仅能够对其他民族的文化特征有所了解，还可以对自己民族的文化有更深入的理解进而对自己民族的文化特性进行更客观地认识与分析。

但是，不同文化间存在的差异也不是绝对的。跨文化交际研究除了要发现不同文化间的差异外，还可以使人们认识到不同的文化间也存在一定的共性，更重要的是要超越不同文化间的差异。

因此，跨文化交际研究可以培养相关人员在情感、认知、行为等方面的适应能力，使其能够在跨文化交际中对于自己的文化习惯进行一定的修改，进而去顺应其他民族文化的文化规约和文化习惯，进而对于跨文化交际双方间存在的文化差异进行正确的处理。

第三节　文化理论与跨文化交际理论

一、文化理论概述

（一）文化冰山模式

文化冰山模式属于人们接触最为频繁的一种文化模式，其中的文化因素与此类因素中的显性与隐性部分是其研究的重点。文化冰山模式的观点主要有：

将文化比作冰山，高过水面的部分仅为其中的很少一部分，而隐藏在水下地占据了绝大部分并且要支撑露出水面的部分，起着基础性的作用。文化中既存在着如建筑、艺术、烹饪、音乐、语言等显性的部分，同时还存在更为重要的、起基础性作用的隐性部分，如象征相应群体文化的历史、风俗、价值观及关于时空与客观世界的认知等，比较难以察觉。

第二，只有借助隐性部分，文化的显性部分才能呈现在人们面前。这从一个侧面也说明了要想全面把握与自己的文化有很大差别的其他文化面临很大的挑战，这是因为别的文化冰山所包含的显性部分通常是易于了解和掌握的，但是隐藏在冰山下面的隐性部分则不容易被察觉和掌握。

需要注意的是，文化冰山模式也存在着一定的局限性。但是，在大多数情况下，这一理论往往能为人们对文化的进一步审视奠定基础，为我们更好地理解难以了解其他文化的原因提供帮助和解释。

（二）个体主义——集体主义理论

荷兰著名的心理学家霍夫斯泰德所创建的五个文化维度理论在跨文化理论中占据重要地位，得到了许多学者的认同和广泛的应用。其中，个体主义——集体主义理论就是其中之一。一些专家认为西方个体主义发端于文艺复兴时期，是洛克（John Locke）等所倡导的哲学传统时期的重要体现。洛克强调："生物的个体是自然的基本单位。"同时，琼·巴拉（Joan Ballah）认为在社会秩序产生之前就已形成的出于个人利益而行动的个体之间的交往中产生了社会制度。

个体主义——集体主义理论发展的巅峰是在20世纪，不仅极大地影响了早期美国社会的发展，而且著名经济学家亚当·斯密（Adam Smith）将其应用在经济领域，对经济建设进行指导。本杰明·富兰克林（Benjamin Franklin）在其著作中对个体主义精神进行了具体论述，他认为"自助者天助。"

霍夫斯泰德指出，个体主义——集体主义理论是对个人与集体联系的松紧程度进行衡量的价值标准。这一标准所阐释的是在某个社会中个体和集体的关系，反映了人们共同生活的方式，同时在不同价值观上也有体现。个体主义文化与集体主义文化之间的区别主要体现在以下几个方面：

1.个体主义文化将个体主义文化对自身与个体的成就作为重中之重，与集体、社会联系不密切，同时彼此几乎没有什么依赖；集体主义文化则将社会或群体的和谐作为重点，同集体、社会有比较密切的关系，并且其相互之间的依赖程度也非常强。

2.个体主义文化强调，相对于集体目标，个体目标更加具有重要性；但集体主义文化却认为集体的目标更重要；

3.个体主义文化认为最重要的是个人及直系亲人的利益；而集体主义文化则认为个体是属于集体的，在集体利益和个体利益有冲突时，要尽力保全集体利益，必要时可以牺牲个体利益。

4.相较于集体主义文化，隶属于个体主义文化圈的人们所具备的具体团体更多，如家庭、社会俱乐部、宗教组织等，在不同的团体中会有不同的行为表现，而且每个团体对个体的影响都极其微弱。但隶属于集体主义文化圈的人们，所具备的社团数量却并不多，比如，东亚地区的集体主义文化中仅包括公司、家庭、学校等，此类组织可以对人们的思想与行为方式产生突出的影响。此外，个体主义文化的成员和集体主义文化的成员对待圈内与圈外的人所持的态度也是不同的，其中，前者采取的是平等的态度，而后者则依据不同的人群采取不同的标准。所以，在这两种文化中，即便是同一种名称的社团也具有不同范围的影响力。个体主义文化团体的影响范围通常而言要比集体主义文化社团的影响范围小。与此同时，在不同的集体主义文化中，因为认知的差异，会造成各种组织的重要性不同。例如，工作单位在日本民众心中排在第一，而家庭则在中国与拉丁文化国家的民众心中排在第一位。通常来说，亚洲和拉丁美洲国家更崇尚集体主义，而北美、欧洲和大洋洲国家则盛行个体主义。

有调查数据表明，以德国、中国、美国、日本、丹麦等国家为研究对象，中国在个体主义方面提及的最少，原因在于中国的人们自幼接受的教育就是集体利益高于个人利益，"人民的利益高于一切"。而在美国则是完全相反的，主张张扬个性，对个体的感受和存在要予以充分地尊重。

不管是个体主义文化还是集体主义文化，均具备自身特定的行为模式，需要强调的是，在个体主义文化或集体主义文化中，不同的文化其具体内容上也会存在一定的差异。例如，同属于集体主义文化的中国文化和日本文化，其家庭的地位也存在着不同。中国文化认为"家比天大""家不能散"，家庭是放在首位的，而在日本，"家庭"是排在"公司"后面的。因此，对普通文化知识和专门文化知识的学习对于了解任何文化中的交际都是非常重要的。

（三）高语境交际与低语境交际理论

低语境文化、高语境文化的概念是由美国的人类学家霍尔（Edward T. Hall）提出的，这不仅对跨文化交际中的交际与交际环境关系的研究产生了重要影响，而且也扩展了这一方面的研究范围。个体主义——集体主义理论对圈子内外交际中出现的文化差异进行了深入地阐释。通常来讲，低语境交际和高语境交际分别在个体主义文化和集体主义文化中居于主导地位。

霍尔指出，在高语境文化中，交际时信息主要依靠人的内在素质、身体语言，或环境语言传递，而明显的语言代码承担的信息量极为有限。即人们在高语境文化中可以敏锐地发现隐含的环境提示与改变。低语境交际却恰恰与之相反，其用清晰编码的语言作为信息传递的工具，隐性环境仅能承担不多的信息。即人们在低语境文化的交际过程中主要依靠的语言本身的力量。

对于高语境交际与低语境交际的比较不是绝对的，而是相对的。所有文化中都存在着高语境与低语境交际，但是在一种文化中占据主导地位只能是二者之一。因此，在各种文化的交际中，对交际环境的依赖水平可能相同，也可能完全不同。例如，东西方在这方面就具有极大的差异。其中，东方文化属于高语境文化和集体主义文化，交际风格相对委婉，以人际关系的和谐为最终目标；西方文化却属于低语境文化与个体主义文化，交际风格明确而直接。这很好地解释了中国人重视"意会"，而美国人强调"言传"的原因。霍尔指出，美国、加拿大、英国、瑞典、德国以及北欧的一些国家接近低语境文化，而接近高语境文化的有法国、意大利、西班牙、北美原住民及拉丁美洲、亚非等地的大部分国家与民族；而也有一些国家则属于自高语境文化向低语境文化过渡的文化，最为典型的就是日本。

一般而言，人们将西方文化归属于低语境文化，东方文化属于高语境文化，在对这方面进行探讨的过程中应注意，这是对东西方主流文化的探讨。而在实际的社会生活中，部分场合也需要借助语言进行清晰的表达，部分人选择低语境的文化交流模式，教师在课堂上授课就是一个极为典型的例子。同样，在西方文化中也是这样，也有些人喜欢用高语境文化交流模式，例如，在向别人借钱时通常会采用委婉含蓄的语言。所以，不能绝对化的划分东西方的文化交流模式。当前，文化全球化进程随着社会的发展日益深化，全球范围内的文化格局也在不断发生着变化。我国的高语境文化正逐渐过渡为低语境文化。中国人为了避免空口无凭导致的问题，日益重视合同、公证书等，同时相对过去，合同、公司的诸多规章制度等的条款更加细化，约束力更强。

除此之外，随着社会和科学技术的不断发展，人们的生活节奏也逐渐加快，致使越来越多的中国人注重办事的效率。同时，在人际交往中也开始较多使用直接而明确的话语，以提高效率。对于西方而言，现代科学技术日新月异，新理论层出不穷，如系统论、量子力学与波粒二相性混沌理论等，都体现了人或物不可避免地要受到环境氛围的影响。从中可以看出，高语境文化与低语境文化有互相融合的发展趋势，虽然有时难以察觉两者融合的速度。

二、跨文化交际理论概述

跨文化交际理论是对跨文化交际行为与价值观念系统化、抽象的和理性的解释。跨文化理论一般包含以下的四个要素：研究问题；基本假设；概念与变量；与概念和变量相关的命题。跨文化交际研究的问题主要有文化适应、身份协商、跨文化理解、交际媒介的影响、语境、文化价值取向以及交际能力等。跨文化交际的基本假设是在跨文化交际过程中，至少有一方是陌生人，或者是由于交易双方因文化差异而产生的情感挫折和预期错位。跨文化交际中的概念包括族群中心主义、刻板印象、跨文化敏感性、面子、同化以及集体主义与个体主义等，这些概念由抽象层次转换为经验层次便成了变量，跨文化交际中的命题是指概念或变量之间的因果关系的演示，下面就跨文化交际主要理论进行简单介绍。

（一）身份与认同方面的理论

在跨文化交际中，关于身份与认同的理论不在少数，比较重要的理论主要有以下几种。

1. 交际认同理论

交际认同理论的代表学者主要是迈克尔·海齐特（Michael Hecht）、詹妮弗·R·瓦伦（Jennifer M. R. Warren）。交际认同理论认为，交际是认同的实现，该理论立足于经典文化对自我与认同的阐释，其直接的理论源泉来自社会认同理论和身份理论。

交际认同理论认为，认同存在于多重载体之中，不仅属于独立的个体，而且寄身于社会过程，它包括以下四个层面。

（1）所谓个人层面，指的认同载体的个人。在个人层面，认同通过自我概念、自我认知等形式储存，该层面认同的存在为我们理解个体在一般与特定情形中如何界定自我提供了线索。

（2）所谓实现层面，指的是在交际过程中，依靠信息交换推动认同转变为实践。在该层面上，自我被看作行动的、得到表达的自我。

（3）所谓关系层面，指的是认同是人们在交际过程中彼此交流与彼此塑造的产物，它包括三个方面的含义，即个人以社会互动的方式建构认同、个人通过与他人的关系建立自我认同和人际与社会关系本身就是认同的单元。

（4）群体层面是指对所属群体的认同，由于群体成员往往有共同的、特定和集体的记忆，因此，他们在共有特性和共同历史的基础上可以建立起集体认同。

认同的四个层面相互联系、相互渗透，在各种特定的场合中形成复杂的互动关系。交际认同理论认为认同是在自我角色与社会分类的彼此建构中形成的，个体和社会交际时双方互动的纽带。交际认同理论认为实现自我认同本质上就是双重协商的过程，这一过程包括自我的协商，也涉及自我与他人、自我与社会的协商，在个人和社会层面能对认同构建的基本机制进行了系统揭示。

2.文化认同理论

玛丽·J·科里尔（Mary J. Collier）是文化认同理论的主要代表学者。该理论聚焦于交际双方话语，从解释学角度探讨文化认同和交际行为之间的互动，从而把跨文化交际认同建构的动态过程揭示出来。文化认同理论提出，话语是判断文化认同和身份归属的关键因素。该理论认为跨文化对话者的行为与话语中的解释相互作用，这些解释以具有能够被解读的规范形式和符号结构的话语文本出现。

文化认同理论对文化认同与跨文化交际的互动问题进行了研究，得出的基本结论是：文化认同是交际者多重认同之一，它在跨文化对话中形成并且发生变化。该理论有文化认同和核心符号两个基本概念，两个基本概念又包括系统、规范、意义、跨文化能力、话语和商谈等相关概念，它的关键变量有四个，即文化认同、核心符号、规范和意义，整个理论逻辑也建立在它们之间的互动与联系上。该理论主要有以下几种观点：

（1）跨文化交际指的是来自于不同文化背景的人进行的交际活动。

（2）社会交往和跨文化对话产生的文化认同，具体体现为文化群体的核心符号系统，并会因为语境的不同而导致其形态上的差异。

（3）在任何一种文化中，其规范和意义系统都具有自身的特色，跨文化能力主要体现在以下三个方面：第一，对交际规则能否运用得体；第二，对话语意义能否有一个准确的理解；第三，对交际者的文化身份能否进行有效确认。

（4）社会交际总是在人际交往和跨文化交往之间游动，话语系统和它所表征的规范和意义体系的差异越大，跨文化的程度就越高。

（5）跨文化对话者对所属文化越认同，就会让其在相应语境中呈现的文化身份更重要。

（6）由语言印证的文化认同与社会语境一同发生系统性的变化。

（7）交际者的归类越与对方的文化身份一致，其跨文化交际能力越强，相互之间的良性互动就越能得到维持和发展。

3.跨文化认同理论

跨文化认同理论的代表学者主要是戴晓东，该理论探讨的基本问题是怎样在确保文化主体性的条件下，尽可能地维持文化身份主体的开放性，以塑造跨文化认同。其基本假设有以下两个方面：第一，文化认同是跨文化认同的基础；第二，跨文化认同的构建是要使文化的界域和开放性得到大幅拓展，从而让各种文化获得更大的共享空间与更宽广的交流平台。

跨文化认同理论涵盖的概念主要有四个：文化、认同、文化间接性和跨文化认同。下面针对这四个概念进行具体分析。戴晓东认为，文化是指发祥于特定地理环境的、由历史传承下来的符号意义和规范体系。一个人的自我界定就是认同，具体而言就是指从社会和心理层面对人是什么、在哪儿的"自我"的解释。文化间的联系程度就是所谓的文化间性，其具体内容包括以下两个方面：第一，文化的相同之处和相似性，文化的差异以及似是而非的灰色地带；第二，文化的共生与互补以及它们之间的矛盾和张力。文化间性既能体现文化的接近程度，又能将文化的互动规律、深度以及广度体现出来。跨文化认同是指交际者对他者文化进行整合，实现自我更新与文化创新的过程。

（二）跨文化调整理论

跨文化调整理论的基本假设是：个体对于某个特定的环境进行的调整是在交际过程中发生的，而且要通过交际来实现；每个个体都具备自我组织的内部驱动力、对来自外部环境的挑战进行调整的能力；调整是可以使个体发生质变的一个动态的、复杂的过程。

跨文化调整理论主要涉及跨文化调整、交际与陌生人等概念。所谓跨文化调整，是指在跨文化调整的过程中，交际者对新的、出现调整的或陌生的文化环境进行重新定位，进而同这些文化环境建立或者重建一种功能健全相对稳定以及互惠互利的关系。交际指的是个体和环境间进行的所有的信息交换行为；陌生人指的是穿过文化界限及适应了异文化的个体。陌生人的跨文化交际能力与其正确、有效地处理信息的能力密切相关，主要涉及三个方面，即认知能力、情感能力、操作能力。所谓认知能力，指的是陌生人熟悉了解东道国语言、文化、信仰、世界观以及行为规范等相关知识的能力；所谓情感能力，指的是陌生人对新文化环境与新知识的接受水平，对新的文化感受的敏锐度及感受东道国文化与调整过去的文化习惯的愿望；操作能力有时也被称作行为能力，指的是陌生人把内在的认知与情感外化为交际行为的能力。陌生人的跨文化调整和族群社会交际以及当地的社会环境密切相关。在初始阶段，族群的交际系统会对陌生人的跨文化调整有所帮助，这是因为，在初始阶段，很多的陌生人会因缺乏交际能力和社会网络而无法展开新的社交活动，只能与其相近的族群社会中的人进行交际。但是，族群交际同时也会起到维护原有文化身份的作用，从而阻碍陌生人融入移民社会。当地的社会环境决定着对陌生人的宽容态度。一般来说，多元、开放的当地环境往往会比较宽容的对待陌生人，单一、封闭的当地环境则对陌生人的同化要求较高，因而会更难以调整。总之，金荣渊认为，跨文化调整的最终结果是跨文化认同，融入新的文化中。

第三章　口译概述

第一节　口译的历史、定义与分类

一、口译的今昔

一种语言文字的意义经由另一种语言文字表达出来叫作翻译。翻译有两种主要形式，即口译和笔译。口译可以是两种不同的民族共同语之间的翻译，也可以是标准语同方言之间或一种方言同另一种方言之间的翻译。本书所讲的口译属第一类翻译，即汉语同日语之间的翻译。

口译的历史源远流长，可追溯到人类社会的早期。在漫长的人类原始社会，原始部落群体的经济和文化活动属于一种各自为政的区域性活动。随着历史的发展，这种自我封闭的社会形态显然阻碍了人类经济和文化活动的进一步发展，于是各部落群体便产生了跨越疆域、向外发展的愿望，产生了与应用不同语言的民族进行贸易和文化交流的需要。语言不通显然成了影响这种跨民族交流的最大障碍，而口译作为中介语言媒介可以使人们与外界进行经济和文化交往的愿望得以成为现实。于是，构筑人类跨文化、跨民族的交际活动的桥梁语言——双语种或多语种口译便应运而生。

在人类社会的发展史上，口译活动成了推动人类社会的车轮滚动的润滑剂。人类的口译活动忠实地记录了千百年来世界各族人民之间的政治、经济、军事、文化、科技、卫生和教育的交往活动。古代社会东西方文明成果的交流：佛教、基督教、儒教和伊斯兰教的向外传播；文成公主婚嫁西域，马可·波罗东游华夏，哥伦布发现新大陆，郑和下西洋，鉴真东渡日本；近代社会西方世界与中国之间在政治、军事、经济、文化诸方面的风风雨雨；现代社会两次世界大战的爆发，联合国的建立，世贸组织的形成；当代社会中国全方位的对外开放，经济持续高速发展；当今信息时代"地球村"的发展，欧元区的创建，亚太经合组织的成立，欧亚峰会的召开。……人类历史上的重大事件都有口译的影子。显然，在人类的跨文化、跨民族的交往中，口译起着一种催化剂的作用。

口译作为一种专门职业，在我国已有二千多年的历史。古时，从事口译职业的人被称之为"译""寄""象""狄鞮""通事"或"通译"。《礼记·王制》中记载："五方之民，言语不通，嗜欲不同。达其志，通其欲，东方曰寄，南方曰象，西方曰狄鞮，北方曰译。"《癸辛杂识后集·译者》作了这样的解释："译，陈也；陈说内外之言皆立此传语之人以通其志，今北方谓之通事。"《后汉书·和帝纪》提到了当时译者的作用："都护西指，则通译四万。"

数百年来西方各国虽然也有专司口译之职的人员，但是大部分的译员属临时的兼职人员。口译在国际上被认定为正式专门职业始于1919年，"巴黎和会"的组织者招募了一大批专职译员，他们以正式译员的身份为"巴黎和会"作"交替传译"（或被称为"连续翻译"）。"巴黎和会"结束后，这批译员中的不少杰出人士陆续成了欧洲许多翻译学院和翻译机构的创始人。从此，口译的职业性得到了认可，口译基本方法和技能的训练开始受到重视。第二次世界大战结束后，纽伦堡战犯审判的口译工作采用了原、译语近乎同步的方法。以"同声传译"为标志的新的口译形式的出现，使人们对高级口译的职业独特性刮目相看。随着联合国的创立，以及各类全球性和地区性组织的出现，国际间交往日趋频繁，世界的多边和双边舞台上演出了一幕幕生动的现代剧，口译人员在这些剧目中扮演了独特的角色。职业国际会议译员的地位越来越高，联合国成立了专门的翻译机构，高级译员组织"国际会议译员协会"在日内瓦隆重宣告成立。与此同时，口译作为一门学科对其原则和方法的研究也进入了高等学府。半个多世纪以来，高级口译人才一直受到各类国际机构、各国政府、各种跨文化机构和组织的青睐。专业口译已成为倍受尊敬的高尚职业，尤其是高级国际会议译员，他们既是聪慧的语言工作者，同时也是博学的国际外交家。

在日本，过去曾经向中国派遣过遣唐使，之后又有过贸易往来，想必当时应该有做汉语口译工作的日本人。尤其在进入江户时代后，长崎是当时唯一的贸易港口，当有中国船只进港时就需要讲唐话（汉语），因而，当时掀起了学习唐话的热潮。当时，教汉语的老师主要是设在长崎的"唐语翻译"，"唐语翻译"除了在与中国的贸易中担任口译外，还参与其他的贸易业务。另外，当时与中国贸易并行的还有荷兰贸易，所以，还设了与"唐语翻译"相类似的"荷兰语翻译"。到了19世纪，日本实行门户开放政策后，还通过这些译员进行了许多荷兰语与英语、荷兰语与日语的双重口语交流。

在东京奥运会（1964年）后，日本作为国际社会的一员得到了普遍承认，与其他国家的交流、往来越来越频繁，在日本召开的国际会议也越来越多，随之，日本也开始了真正意义上的口译活动。

新中国成立以来，我国在国际舞台上日趋活跃。我国在世界政治、经济、贸易、文化、体育等领域里发挥着越来越重要的作用，这使优秀口译人员成了国家紧缺人才。20世纪70年代初，中国重返联合国，自此我国的国际地位快速上升。进入以改革开放为标志的80年代后，我国的经济开始腾飞，对外开放的国门也因而越开越大。在东西方许多国家和地区经济陷入衰退的90年代，我国的经济列车仍以其强劲的活力，沿着通向世界经济发达国家之列的轨道继续高速运行。一个义无反顾地选择了社会主义市场经济并已取得巨大成功的中国，成了许多海外投资者和观光游客的首选目标。一个以稳健的步伐走强国之路的全面开放的中国，对外交流的接触点越来越多，接触面越来越大。各类口译人才的需求与日俱增，高级译员的供需矛盾越来越突出。

今天，历史的车轮已把我们带入了一个新的世纪。这是我国全面振兴的世纪，重铸辉煌的世纪，是中华文化同世界各族文化广泛交流、共同繁荣的世纪，这也是口译职业的黄金时代。这些年来，我国同世界各国开展了全方位、多层次的交流，让我们更好地了解世界，也让世界更好地了解我们。涉外口译工作者作为中外交往的一支必不可缺的中介力量，肩负着历史的重任。今日的中国比以往任何时期更需要一大批合格的专职或兼职译员来共同构筑和加固对外交往的桥梁。今日的翻译界比以往任何时期更需要对口译理论和方法进行研究。

二、口译的定义

口译（Interpreting）是一种通过口头表达形式，将所感知和理解的信息准确而又快速地将一种语言转换成另一种语言，进而达到完整并即时传递交流信息这一目的的交际行为，是现代社会跨文化、跨民族交往的一种基本沟通方式。由于口译涉及两种（或两种以上）语言之间的转换，译员必须是掌握两种（或两种以上）语言的人，即双语者（或多语者）。人们常常错误地以为，一个人只要同时掌握了两种（或更多）语言就能够胜任翻译工作，可以成为译员。事实上，掌握双语只是成为译员的前提条件，如果没有经过专业的口译训练，绝大多数的双语者都不能够胜任口译工作。这与中国人都会说汉语，但并不是每个中国人都能够成为一名称职的汉语教师是同一个道理。口译工作不仅要求译员具备扎实的双语基本功，而且要具备良好的语言理解能力、表达能力、反应能力、记忆能力、信息组合能力以及丰富的百科知识。要想成为一名合格的商务英语译员，译员需要系统地学习各项口译技能和商务知识，进行强化训练，并在实践中不断完善自身能力。

三、口译的类型

根据不同的分类方法，口译可分为多种不同的类型。

（一）按照工作模式划分

根据译员的工作模式，即根据口译时间划分，口译可分为交替传译和同声传译两种。

1. 交替传译

交替传译，简称"交传"，又称"连续口译""即席口译""即席传译"，是涉外活动中最常见的一种口译形式。它主要是指译员在说话人讲完一段话后进行口译，说话人等译员完成该段话语的翻译后再继续发言，并在适当的时候再次停顿让译员翻译，如此循环反复。交替传译是目前最普遍的口译模式，适用于多种场合，如演讲、致辞、授课、谈判、情况介绍会、会议发言、新闻发布会、记者招待会、宴会致辞、采访谈话、参观访问等。交替传译可分为有原稿和译稿、有原稿但无译稿、无稿发言三种情况，每种情况对译员的要求不尽相同。

2. 同声传译

同声传译，简称"同传"，又称"同步口译""同步传译""即时传译"，是指译员在不打断说话人讲话的情况下，不间断地将说话人所说的内容传译给听众。在同传中，说话人的"说"和口译员的"译"几乎是同时开始、同时结束的，口译员只稍稍滞后于说话人。

同声传译是目前国际会议上最常用的一种口译形式，一般有常规同传、耳语传译、视译、同声传读等几种形式。

常规同传一般是通过同传设备来完成的，译员坐在特制的同传间（口译箱）内，通过耳机接听说话人的讲话内容，随即通过麦克风把源语（说话人的讲话内容）用译语传达给大会的听众。听众可选择所需要的语言频道，通过耳机接受翻译服务。

耳语传译常常应用于只有一两个人（一般不超过三人）需要口译服务的情况。

视译是指译员事先拿到说话人的书面讲话稿（包括发言稿、讲话提纲、演示文档等），一边听其发言，一边看稿，一边口译。一般可根据说话人讲话和译员口译的时间将视译划归到同传或者是交传的范畴。

3. 交替传译与同声传译的区别

（1）译语产出时差不同

口译可以被分解为五个连贯的环节，分别是听辨、理解、记忆、脱离源语言外壳和表达。在这个过程中的每个环节，译员都有一定的思考时间。在进行交替传译时，译员在接收到源语言信息之后，会通过短时记忆与翻译笔记，使源语言信息剥离源语言的外壳。但是在进行同声传译时，留给译员思考和反应的时间非常短，说话人结束发言和译员结束翻译的时间只相差几秒钟。

（2）译员的记忆方式不同

虽然同传和交传都需要译员拥有卓越的记忆力，但是两者的记忆方式存在很大的区别。

在进行交传时，笔记只是具有提示作用的辅助手段，因此译员需要努力将源语言信息在脑中进行概括和处理，直至产出译语。交替传译的记忆方式主要是短期记忆和长期记忆，是一种异步化的口译形式。

在进行同传时，译员主要凭借瞬间记忆将源语言产出为译语，偶尔也会用到短期记忆。此外，大部分的同声传译都不需要笔记辅助，偶尔使用笔记也是为了记录年份或者数字等关键信息。由此可见，同声传译是一种同步化的口译形式。

（3）译员的注意力分配不同

在口译过程中，关键信息可能稍纵即逝，因此注意力高度集中是保证翻译活动顺利进行的前提和基础。译员在进行同传和交传时都需要启用认知能力，努力克服源语语法、句式和词汇的限制，努力将源语转换为匹配准确、逻辑通顺的译语，但是译员在交传和同传过程中的注意力分配存在差异。

时差不同是造成交传和同传注意力分配差异的主要原因。同传口译员在面对源语言信息时，不仅需要对信息进行听辨、理解、双语转换、产出译语、监听和修正，还要顾及对后继源语言信息的预判。在这诸多口译环节中，译员必须在短短的一瞬间对说话人的发言做出准确的译语产出。同传的难度还在于译员在组织语言产出译语的时候，还要注意听说话人接下来的话语信息，而这时译员很难集中注意力听说话人接下来的发言。因此，同传译员应该具备一个职业性技能，即"双耳分听"。

在交传过程中，译员的注意力主要分配在两方面：一是运用笔记处理耳听和记录提示之间的关系；二是要时刻保持头脑清醒，迅速地处理信息、逻辑关系。

（4）对源语预测能力的要求不同

源语预测是指在说话人的发言还没有完全结束的时候，译员通过自己的工作经验和能力，判断说话人接下来的发言，并完成超前翻译，为自己争取更多的思考时间。因此，口译中的源语预测是一个逻辑推理的过程。

在进行交传时，译员需要利用好时间差，做到既能完全理解发言人的上文信息，又能预判发言人的下文信息，还能迅速处理信息。

在进行同传时，一般会出现两种情况：一种是译语往往比源语慢几秒钟，其原因在于译员需要在听清源语意群后才能产出译语；另一种是译员凭借其口译经验，提前进行预判。在这种情况下，译语与源语几乎同步。预测能力的强弱，一般取决于译员的语言能力、知识积累以及口译经验。

（5）译语质量不同

在交传过程中，译员可以在说话人发言的间隙，处理信息并组织语言。在这种情况下，译员对源语的理解更为透彻和具体，可以较好地控制译语的语调、语速和表达节奏，从而在翻译过程中减少失误，减少需要补救的情况。因此，交传译语的整体逻辑更为顺畅，语句更加简明扼要，更容易被听众理解。

在同传过程中，译语需要紧跟源语，因此类似理解不当、断句错误、预测不准或在产出译语的过程中出现犹豫、补充、更正或等待等行为从而导致冷场的情况屡见不鲜。

（6）设备条件不同

在交传过程中，译员距离谈话双方较近，可以与谈话双方进行眼神或手势的沟通交流。交传译员只需要准备好纸笔，再配备一只话筒即可开展工作。

同传译员一般需要进入同传间工作，没有机会接触谈话者，但是可以通过透明的玻璃窗观察说话人的形象和现场的氛围。同传译员主要通过耳机接收源语并整理信息，再通过无线频道将译语传达给听者。

（7）适用范围不同

由于交传和同传工作环节的差异，二者的适用范围不同。交传一般应用于会晤或演讲等双语交际活动，如接见客户、商业谈判、讲课演讲、新闻发布会以及旅行解说等情况。同声传译经常应用于规模大、国际性强的活动或会议中，如电影节颁奖晚会、国际性的学术研讨会等，有时也会出现在只针对一名听者或者小范围的听者的以小组形式进行的讨论会或者文艺演出中。由于交传和同传的应用范围并没有明确的界限，我们在选择口译方式时不需要有太多的顾虑，可以从现场情况、活动形式、会议的持续时间、说话人的语言习惯等多方面进行综合考虑，以采取最合适的口译方案。

（8）占用的时间不同

使用交传会使会议时间延长，导致听众失去耐心，从而影响会议的效率。而同传由于译语与源语几乎同时结束，并不会影响会议的时长，能够保证会议的效率。

（二）按照空间工作模式划分

根据译员的空间工作模式，即根据口译空间划分（译员和当事人是否处于同一个场景空间），口译可分为现场口译和远程口译两种。前者指交际双方和译员同处一地；后者指交际双方和译员分处两地或多地，译员通过电话、视频、网络等手段接收信息进行传译。

（三）按照口译活动的主题场景划分

根据口译活动的主题场景，口译可分为会议口译、医疗口译、商务口译、陪同口译、导游口译、法庭口译等。例如，商务英语口译就是在商务情境下进行的母语与英语互译的活动。

（四）按照译语的流向划分

根据译语的流向，口译可分为单向口译和双向口译两种。前者指在一次口译活动中，译员始终将一种语言传译成另一种语言，来源语与目的语固定不变，译语呈单向流动；后者指译员在口译过程中对两种语言进行交替互译，译语呈双向流动。

（五）按照源语到译语的直接性程度划分

根据源语到译语的直接性程度，口译可分为直接传译和接续传译。直接传译指译员在两种语言之间进行直接传译；接续传译又称"接力口译"，简称"接传"，是指必须经过第三种语言将两个或多个译员的工作加以连接的间接口译，即译员B在译员A的翻译结果的基础上进行翻译，而不是直接从说话人那里获得信息。例如，会议听众中有来自中国、越南、老挝、泰国、缅甸等国家的代表，说话人用缅甸语发言，中/越、中/老、中/泰、中/缅译员同时在场进行翻译，但除了中/缅译员外，其他译员都无法听懂缅甸语，这时其他译员就必须等中/缅译员将缅甸语发言翻译为中文后，再将中文译语翻译成越南语、老挝语和泰语。可见，接续传译是有多国代表参加的大型国际会议不可或缺的口译形式。

第二节　口译的特点和标准

一、口译的特点

中国著名的口译专家梅德明教授认为，口译作为一项复杂、特殊的语言交际活动，共有六个突出的特点。

（一）即席性强

口译是一种即席性很强的语言符号转码活动。虽然在部分口译活动中，译员可以根据主题预测口译内容，从而提前做一些准备工作，但是说话人的具体言语内容往往是无法准确预测的，尤其是在即兴发言、辩论、记者招待会以及商务谈判等场合，说话人的话题和内容千变万化、难以捉摸，译员需要在十分有限的准备时间内，甚至在毫无准备的情况下进入双语语码切换状态。这就要求译员必须具备扎实的语言功底、广博的知识、出色的应变能力和高超的临场发挥能力。

（二）压力大

在场景气氛的压力下工作是口译的另一特点。口译场合有比较愉快的（如导游翻译），也有异常严肃的（如会议翻译）。在政治会晤或外交谈判等严肃且正式的口译场合，与会者多是各国的高层官员，谈论的也多是邦交大事，任何一个错误的信息传递都可能造成外交事故。这会给经验不足的译员造成巨大的心理压力，使译员产生紧张的情绪，从而削弱译员的自信心，影响译员的临场发挥。因此，译员应当具备良好的心理素质和抗压能力。需要注意的是，不论口译现场的氛围是严肃的还是轻松的，是热烈的还是沉闷的，译员在口译过程中都应如实地体现当时的氛围，不能主观地进行过滤和改变，这是译员应遵守的基本职业规范。

（三）独立性强

从操作性质上看，口译是一种单一的个体劳动，独立性很强。在口译的过程中，译员处于一种"单打独斗"的状态，必须独立面对口译过程中出现的与语言知识、传统文化、社会背景等方面有关的种种问题。在口译过程中，译员无法查阅工具书或相关参考资料，也不能要求说话人重复发言内容或解释其中的难点。在口译过程中，译员应该对自己的翻译负责，不能"胡译""乱译""瞎译"，必须遵守"译责自负"的原则。

（四）综合性强

相较于笔译工作，口译活动是一种综合运用视、听、说、读、写等各项技能的语言操作活动。

"视"指观察说话人的肢体语言和当时的环境氛围。经验丰富的译员能够通过观察说话人的肢体语言（如面部表情、手势）及现场环境氛围（如旅游景点、工厂实物等），更好地领会说话人的发言内容和意图。

"听"指聆听并理解说话人的发言内容。说话人的语速、地方口音和信息收听时的噪声干扰等都会影响译员对信息的会意。

"说"指译员具有准确、流利地用双语进行口头表达的能力。源语及译语信息都是以口语形式传递的，因此口译要求译员具备较高的"说"的能力。

"读"指在视译时，译员要有对要翻译的材料进行快速阅读和翻译的能力。

"写"指口译过程中的速记能力。口译笔记是口译活动中不可或缺的环节，它能够帮助译员有效记忆说话人的长篇发言，弥补短时记忆的不足。有人说译员在进行口译时要"眼观四路，耳听八方"，这虽是戏谑之言，但也在一定程度上反映出口译工作需要动用译员各方面技能的事实。

（五）知识面宽

传递信息的知识面没有边界是口译的另一特点。在口译过程中，译员的服务对象有着不同的文化背景、教育背景和专业背景，服务对象在交际过程中不可避免地会使用自己专业的知识，这就要求译员具备广博的知识，不断拓宽自己的知识面，成为一个略通百事的杂家。笔译译员如果在笔译过程中遇到一些专业词汇，可以查询工具书或利用网络进行查询，或者咨询专业人士；而口译的即席性决定了口译译员不能像笔译译员那样，可以通过查阅工具书或咨询专业人士解决翻译过程中遇到的专业词汇。因此，口译译员除了应该具备扎实的语言功底、良好的心理素质和娴熟的语际转换技巧之外，还应十分注重扩展知识面和积累文化底蕴，对相关国家的基本国情、历史文化、风土人情、时事政治以及经济贸易等方面都应有一个基本了解。虽不能做到"上知天文，下知地理""古今中外，无所不知"，但是口译译员必须广泛涉猎各方面的知识，成为一个学识渊博的人。这也是为什么全国翻译硕士专业学位教育指导委员会规定高校在招收翻译硕士时必须设置"汉语写作与百科知识"这一考试科目的原因所在。

（六）时间性

除了以上五个特点之外，口译还具有另一个显著的特性——时间性。在口译过程中，译员必须在很短的时间内完成接收话语信息和转译话语内容的全过程。在进行交传时，说话人的话语一结束，译员对信息的分析也随之结束，应立即进行双语转换。这个特性决定了口译译员没有充足的时间对所译的内容进行字斟句酌的推敲。因此，口译译员在翻译时通常会采用大量高频词汇和简单灵活的句式，尽量用简单的方法表达复杂的内涵。

二、口译的标准

口译需要达到三个主要标准，即准确、流利和快捷。

（一）"准确"是口译的第一要义

准确性要求译员将源语信息准确无误地译为译语。对于口译来说，准确是指主题准确、精神准确、论点准确、风格准确、词语准确、表达准确、语速准确以及口吻准确等。总而言之，译员应该保证译语的信息和风格与源语相同。译员作为交际双方沟通的桥梁，应当起到疏通的作用，防止由于口译不准确而造成误解。需要注意的是，这里所讨论的准确并非译员对源语的机械模仿，更不是译员刻意模仿说话人在发言过程中出现的口吃、语误和浓重口音等，否则会被视为对说话人的人身侮辱。

（二）"流利"是口译的重要特质

流利性是区别口译和笔译的重要特质。口译的价值体现在其作为交际工具的有效性和高效性上。如果译员不能清晰流畅地将源语信息传达给译语听众，那么这种口译就不具有高效性，也不属于优秀的交际工具。

（三）"快捷"是口译的必然要求

在交际的过程中，各方都希望能连贯地表达自己的思想并将自己的思想迅速传递给对方，但是由于语言不通，只能让译员作为传言人介入交际之中。这在一定程度上影响了信息表达的连贯性和信息接收的快捷性。一般情况下，交际双方都希望作为交际中介的译员不要过多地占用他们的交谈时间，应尽可能做到快捷高效。因此，在口译过程中，译员必须在很短的时间内完成接收话语信息和解释话语内容的全过程。在进行交传时，译员通常应该在说话人发言结束后的3～4秒内说出译文，如果间隔过长就会导致冷场，影响口译的效果。在进行同传时，快捷性和及时性显得更为重要，译员应当在说话人说出半句话时就开始翻译，如果间隔时间过长，不仅会增加自身的记忆压力，同时还会降低同传的效率。

第三节　口译的过程、原则与基本技巧

一、口译的过程

从完整的操作过程来看，口译可以分成三个步骤，即译前准备、现场口译、译后总结。其中，现场口译又可再细分成三个步骤，即输入、解译、输出。

（一）充分的译前准备是口译顺利进行的保证

有的译员坦言："一个好的翻译，一半在功夫，一半在准备。"口译的译前准备包括两类：一是平时的知识储备，二是每场口译活动之前的专业准备。只有平时做好积累，才能在翻译时"脱口而出"。平时的积累又可细分为夯实语言基础和拓宽知识面两个方面。译员切不能认为自己的外语水平已然很高，无须巩固语言基础，从而荒废了对外语的练习。在日常生活中，译员要做到多听、多读、多写和多译，以不断提高自己的外语水平。在拓宽知识面方面，除了积累必要的专业知识外，译员平时还应当多看电视新闻、多读英文杂志和报纸以及广泛阅读各类书籍，涉猎各个领域，广泛了解时事政策，掌握必要的地理、历史、文化艺术和自然科学的常识，不断更新自己的知识，做到与时俱进。在接到口译任务后，译员要抓紧时间认真、细致、充分地做好与口译主题相关的准备。如果是商务口译，译员不仅应该掌握企业双方的基本情况，包括企业的经营范围、生产规模、主要产品和发展方向等，还要事先了解企业双方的合作意向、前期合作情况以及预期目标等，确保自己能够透彻理解口译过程中可能出现的各种专门知识和专业术语，避免在口译过程中出现"卡壳"的情况。如果是会议翻译，译员应当与会议组织者取得联系，并向其索要并阅读会议的相关资料，如会议议程、说话人名单及简介、发言主题或题目、发言大纲或发言稿等。在阅读相关会议资料地过程中，译员要注意学习相关的基础知识、专业知识、最新发展动态。如果是某国外交部部长（简称"外长"）来访的情况，译员要事先了解该国的基本情况、双边关系现状、来访的主要目的、外长简历以及我方立场等，还可以查阅对方近期的重要演讲和表态，以便

了解其观点和语言风格。此外，译员还需留意外长名字的读音和称呼是否有特别之处。

（二）现场口译是整个口译过程的主体

现场口译可以分为三个步骤，即输入、解译、输出。

1. 输入

输入即译员对信息的接收。输入的途径主要有两种：一种是视入，另一种是听入。视入主要用于视译，其使用范围比较小。听入是最基本、最常见的信息接收形式。译员对源语信息的听辨是口译的第一道关口，如果译员没有听清楚说话人所说的话，就没有办法进行翻译；如果译员没有听懂或听错了说话人所说的话，就不可能准确、完整地传达说话人的原意，甚至会造成误解。例如，在商务场合中，交际双方会使用大量的商务专业术语和缩略语，这增加了听辨的难度。因此，商务英语译员必须具有敏锐的听觉、良好的语感以及充足的专业知识。此外，参与商务贸易的人员可能来自世界各地，这些地方的英语与标准英语在发音和语法上存在差异，为了顺利地完成口译任务，译员还应该善于听辨带有地方口音的源语，如菲律宾英语、印度尼西亚英语和日本英语等。因此，译员平时要有意识地训练和培养自己适应各种英语的语音、语调和句法的能力，努力提高自己的英语听力理解能力。这是提高口译质量的重要环节之一。

2. 解译

解译是指理解与翻译。口译过程中的理解包含三个层面的内容，分别是语言性的理解、知识性的理解以及逻辑性的理解。

语言性的理解包括对说话人的语音、语调、语法、词汇、词义及语篇等语言因素的理解。因此，译员必须具备丰富的词汇以及扎实的语法基础等。

知识性的理解除了对各种商务知识的理解外，还包括对政治、经济、法律、人文以及科技等各个领域的基本知识的理解。

逻辑性的理解指译员借助分析和逻辑推理加深对谈话内容的理解。在口译过程中，译员可以参照交际双方的身份、地位、职业和教育背景等因素来确定说话人的话语意图与真实含义等。良好的逻辑理解能力能够帮助译员更加准确、高效地获取源语信息，尤其是在译员没有听清说话人所说的话的情况下，逻辑推理能够帮助译员厘清说话人的思路，理解说话人的本意，维持思维和表达的连贯性。在理解信息之后，译员就要在大脑中对这些信息进行"翻译"。这里所说的"翻译"是狭义的翻译，即将一种语言形式转换成另一种语言形式，相当于语码的转换。

3. 输出

输出是指译员准确、完整地用译语表达源语信息。在表达时，译员要做到发音清晰、声音洪亮、语调准确、节奏适宜、措辞得当、语句通顺、自然流畅。成功的表达既能完整、准确且流利地传达说话人的信息，又能保持说话人的风格和特点。这要求译员具备深厚的母语基础和娴熟的外语技能。此外，为了更加自然、自信地再现说话人的发言，译员也应掌握一定的演讲技巧，锻炼自己的演讲能力。

（三）译后总结是提升口译的有效方法

每一次的翻译任务都是一个锻炼译员能力的机会，每一个不足都是提高能力的契机。任何事情都不可能尽善尽美，口译亦是如此。口译重要的是在完成口译任务之后回顾口译的过程，总结得失，分析失误的原因，吸取经验教训。

由于人的记忆是有时效性的，在信息密集的情况下，译员很难完整地回忆起口译过程中的具体情况。这一问题可以通过录音来解决。译员可以对口译过程进行录音，在口译活动结束后通过录音检查自己在口译过程中是否存在漏译、误译、卡顿、语法错误或者用词不规范等问题，并在日后有针对性地提高自身的水平，争取在下一场口译活动表现得更为出色。此外，译员也可以通过与同行探讨解决具体的口译难题，或者通过听同行的口译录音来取长补短。

二、口译的原则

翻译就是在准确、通顺的前提下，将一种语言文字转换为另一种语言文字的行为。这种行为由译员来完成，译员在翻译时势必会受到各种主观因素的影响。而译员在翻译时遵循的原则不同，翻译的结果也会不同。为了使翻译准确通顺，译员应遵循目的原则与忠诚原则。

（一）目的原则

许多译员认为，目的原则是翻译行为中最重要的原则。根据目的原则，译员翻译的方法、侧重点以及采用的翻译策略都会随着翻译目的的变化而变化。也就是说，译语会受到翻译目的的影响。长期以来，学者们对于翻译方法到底是归化好还是异化好的争议，以及翻译到底应该是动态对等还是形式对等的争议，都能在目的原则中得到解答。

对此原则解释得最详尽的是德国的功能翻译论。功能翻译论认为，翻译既然是人类行为，就一定有其特定的目的。译员需要先了解翻译的目的，才能准确地选择相应的翻译方法。例如，广告的主要功能和目的是为了推销产品，吸引消费者购买，所以不管是异化还是归化，只要能够达到推销产品的目的就是合适的翻译策略。

严复是我国近代著名的翻译大师，他认为："词句之间，时有所颠倒附益……假令仿此为译，则恐必不可通。"也就是说，翻译是一种社交行为，译员应当考虑到目的语本族语者的接受能力和心理活动，保证译语能够被目的语本族语者理解，以达到其交际的目的，不能太局限在原文字上。

翻译目的论的创始人汉斯·弗米尔（Hans Vermeer）认为，目的原则是翻译过程中最重要也是最首要的原则，因为使译语能够在目的语文化和语境中获得接受和理解才是翻译最重要的使命，才能算是很好地完成了翻译任务。目的原则中的目的可以分为很多种，但是其中最重要的一种是要使目的语本族语者能够根据译语顺利地理解源语所要传达的意思——即翻译的交际目的。因此，译员在翻译时，需要在目的原则的指导下选择合适的翻译方法。

（二）忠诚原则

还有一些翻译学家提出了翻译的"忠诚原则"。在忠诚原则的指导下，译员需要对说话人和听众忠诚。译员对说话人忠诚是指译员应该真正理解说话人的意图，并将说话人的意图准确地翻译出来。以彼得·纽马克（Peter Newmark）为代表的语言学派就强调译员应该理解说话人的意图，即强调源语的权威性。译员对听者忠诚则是指译员在翻译时需要对听者负责，让听者能够更好地理解说话人的意图。

（三）口译原则存在的问题

目的原则虽然对于一些功能性的翻译起到了很好的指导作用，但是德国功能学派的代表人物克里斯汀娜·诺德（Christinane Nord）认为目的原则也有不足之处。因为每个人的想法都不同，所以不同的听者可能会对同一段译语产生不同的理解，导致难以完全达到交际的目的。此外，根据目的原则进行翻译，有时会不可避免地违背说话人的意图。

忠诚原则也存在一些不足之处。例如，忠诚原则强调要对源语忠诚，但是源语的权威性是相对的，并不是绝对的。有些翻译学家认为，翻译如做人，必须谨言慎行，掌握分寸，才能立于不败之地。译员不能毫无主见，缺乏判断，必须凭借自己的学识、经验，在翻译过程中进行适当地取舍。因此，译员应该选择性地遵循忠诚原则。

综上所述，不管是目的原则还是忠诚原则，都存在缺陷。需要注意的是，目的原则与忠诚原则在翻译过程中不是矛盾的，而是互补的。在实际翻译中，我们可以根据实际情况将二者结合起来，从而更好地完成翻译工作。

三、口译的基本技巧

为了完整地表达说话人的本意，让听者抓住话语的重点，目的论的忠实性原则明确指出，译员可以以自己的理解对说话人所说的话进行适当的变通和润色。因此，要想顺利而出色地完成口译任务，译员除了要具备扎实的语言功底、丰富的百科知识、出色的记忆能力等基本条件外，还要熟练掌握并灵活运用口译的基本技巧，而口译技巧可以帮助译员的翻译达到事半功倍的效果。常见的口译技巧可以归纳如下。

（一）改译

由于不同的语言文化之间存在差异，翻译某些信息时如果采用直译的方法就会出现词不达意的情况。此时，译员应该采用改译的方法，用符合译语习惯的语言传达说话人的真实意图。除此之外，有时交际的一方会说出一些令另一方不悦的言辞，如果译员采用直译的方法就可能会使交际双方的交流和合作受阻，甚至无法继续进行。而译员作为沟通的桥梁，应当起到缓冲和斡旋的作用，避免谈话双方发生正面冲突，促进双方的谈判和项目合作。此时，译员就可以采用改译的方法缓和紧张的氛围。

中方企业经常会派遣相关工作人员与翻译人员到机场接待外国客户。在接到外国客人后，按照中国人的语言习惯，此时一般会问候道："您一路辛苦了。"如果翻译人员将这句话直译为："You endured hardship all the way."

会让外国客户感到不知所云，也无法感受到说话人的关心之情，甚至会觉得中方接待人员所言不实，从而影响合作。译员在此时应该采取改译策略，在遵循"功能加忠诚"原则的前提下，按照外国客户的逻辑思维和语言使用习惯，将"您一路辛苦了。"改译为"Have you had a nice journey？"（您的旅途还愉快吗？），虽然改译改变了句子的内容，但是表达的意思是相同的。

例如，某公司与美国客户洽谈合作，为了表达中国人的好客之情，公司代表邀请美方客户共同观赏国粹京剧，以下是他们的对话。

公司代表："希望这次您能玩得开心，如果有招待不周之处还请您随时提出。"

美国客户："Well，I have got one thing to complain about. That is，we are a bit spoiled by your hospitality，I'm afraid."（我恐怕确实要提出一点建议，那就是您照顾得实在是太周全了。）

此时译员仍然应该采取改译策略，在遵循"功能加忠诚"原则的前提下，结合美方客户语言中风趣幽默的习惯，译员应面带微笑，用轻松愉悦的口气将这句话改译为："没有，您安排得非常周全。"这种翻译虽然改变了句子的内容，但是并未改变美方客户想要表达的友善之情，还起到了活跃气氛的作用，可谓一箭双雕。

再比如，在一次项目谈判中，中方代表希望通过向外方支付一笔款项获得外方的知识产权，但是当谈到款项细则的时候，双方产生了分歧。外方代表说中方代表已经明确表态同意支付款项，而中方代表称虽然答应了支付款项，但是并没有确定如何支付款项、何时支付款项等问题。于是，外方代表破口而出："Pretty smart，aren't you？ Are you trying to fool me around？"（你是不是觉得自己很聪明？你在耍我吗？）如果口译员随机应变的能力不够强，将这句话直译给中方代表，必然会导致谈判终止，但是如果口译员以客观的态度，将这句话改译为："你之前不是这样说的。"之后，双方决定各退一步，统一条款内容，最终达成了合作意向。

考虑到双方进行谈判的目的是达成协议，因此译员在关键时刻应及时地调整语言表达态度，缓和谈判的氛围，根据目的论的"功能加忠诚"原则对源语进行处理。

例如，在一次中外双方的商务谈判中，外方代表提出了一个明显不合理的要求，于是中方代表说："你这是'癞蛤蟆想吃天鹅肉啊'！"此时，译员应改译为："This is really too much. If you insist, I'm afraid we can't go on."（这个要求实在是有些不合理，如果您坚决要求，恐怕我们就无法继续谈判了。）译员的灵机一动，使谈判得以继续进行。在这个例子中，译员在不改变中方代表本意及目的的基础上，将语句加以润色，发挥了独特的作用，促成了双方共赢的局面。

（二）简译

口译对时间的要求非常高。在口译过程中，特别是在同声传译的过程中，译员必须以最快的速度听辨、记忆、理解、重组源语，准确地将说话人所说的话翻译出来，否则有可能错过接下来的传达内容。

为了尽量缩短翻译的时间，译员可以在不改变源语的主要目的和本意的情况下，将源语中的信息化繁为简，保证口译过程更加顺利。

例如，"我国的纺织类目产品十分畅销，已经出口到北美、阿拉伯、西伯利亚以及欧洲等百余个地区"这句话提到了很多地区，如果译员按照原句将所有的地名全部译出，将会使谈判过程变得拖沓低效，而且给自己造成了较大的记忆压力。因此，译员可以将这句话翻译为："Hundreds of regions around the world import Chinese textiles."（世界上有上百个地区都在进口中国的纺织类目产品。）这样的翻译不仅传达了重要信息，还便于听者的理解。需要强调的是，译员必须注意简译的分寸，不可以对源语进行过度的处理，避免扭曲源语的本意。

再如，在"我们理应进一步简化手续，实时、积极地实施举措，从国际上引进先进的技术和完善的设备，积极做好科学技术人员的消化和推广工作"这句话中，"进一步""实时""积极""实施举措""先进""完善"等词汇都是修饰性词语，没有具体含义，根据目的论的"功能加忠诚"原则，译员可以将这些词语忽略，简译为："We should simplify procedures and import urgently needed equipment and technology which we may incorporate into our product systems."（我们应该简化程序，引进急需的、可以纳入我们的产品系统的设备和技术。）这样的翻译不仅保证了源语前后的连贯，还准确地表达了源语的本意。

在汉语表达中，有些句子缺乏逻辑性，形式松散。例如，"以阳光为商标的'阳光牌'系列产品皆以纯羊毛为原料，尽管近年来也开发了以化纤混纺、棉为原材料的新产品，但是全羊毛类产品仍占据该品牌产品的大多数。"此时，译员应该通过自己的理解，调整语句的构成部分，将源语简译为："Sun blankets are made of top quality pure wool. Meanwhile, stocks of other mix fibers and pure cotton blankets are also available."（"阳光牌"主要提供由优质羊毛制成的毯子，同时，还提供化纤混纺和纯棉毯。）

在翻译产品介绍时，语句结构应该更为紧凑，方便记忆。例如，"Stainless steels possess good hardness and high strength."这句话有以下两种翻译结果。

①不锈钢具有较高的硬度和强度。

②不锈钢具有硬度大及强度高的特点。

上述两种翻译结果尽管意思相同，但是①比②更加简练，也更容易理解。

综上所述，译员应该遵循目的论的连贯性原则和忠实性原则，以使谈话双方的源语达到预期效果为前提，将译语化繁为简，进行合理的润色，保证译语可读、可接受。

（三）补译

在口译过程中经常会出现具有说话人当地文化特色的成语、典故和特殊词汇等，这时就需要译员进行补译，即译员在对源语中未明确表达出来的含义进行分析之后，通过适当地增加或减少内容，将说话人的意图完整地传达给听者。文化差异不仅体现在文化背景上，还体现在肢体语言上，因此译员还应该对说话人的肢体语言进行补充翻译，更准确地传达说话人的意思，使译语更容易被听者理解。

例如，某中国公司希望承包某外国公司的工程，中国公司代表为了获得项目的承包权，向外方代表说："我们的工程师都十分优秀，绝对能保质保量地完成项目。"

正如前文所述，汉语表达中的修饰性词语"优秀"在外国公司代表看来并不存在实际含义，因此译员应该采取补译的方法，将中方代表说的话翻译为："Engineers in our company enjoy years of experience and have yielded good results. I firmly believe they'll finish the task you've assigned in an excellent way."（我们公司的工程师具有多年的工作经验并取得了良好的成绩，我坚信他们会非常出色地完成你们的项目。）通过有理有据的事实补充，凸显了中国公司工程师的优秀。

中国文化与西方文化存在差异，中国语言经常用一些抽象、概念化的词语描述人或者事物的特点，而西方国家则比较注重事实、依据等具体含义。

例如，译员可以将"因为我方的报价已经十分优惠，可以调整的价格区间不大，所以我们无法接受您的还盘"这句话翻译为："our quotation is favorable in your interest，and there is a limit to our price adjustment，currently we just cannot accept your offer."（我们的价格已经对你方非常有利，并且我方可调整的价格区间有限，目前无法接受你方的要求。）译员通过在译入语中添加"in your interest"（对你方有利），让对方放心合作，坚定合作意向，不再对报价产生更多的疑问。

肢体语言也属于语言表达的一部分。例如，在中方谈判代表根据自己对国内市场的调查，希望外方提出更具有竞争力的价格时，中方谈判代表向外方人员说道："根据合同'附件2'中的条款，每台设备的价格为6 800美元，但是我方认为价格偏高，你方认为这个数（伸出手五指张开）怎么样？"熟悉中国语言文化环境的我们很容易就能够理解这里的手势代表的是每台设备的价格为5000美元，但是外方代表很难理解这一手势的具体含义。此时，译员就要对手势的具体含义进行补译，以准确地传达中方谈判代表的意图。

（四）顺译

在同声传译过程中，经常会出现说话人进行大段落的发言而不自知的情况，这会导致译员有很大的概率会遗漏掉某些重要的信息。遇到这种情况时，译员可以在遵循目的论的连贯原则的前提下，合理地采用断句技巧，将段落分解成若干个小意群，并用连接词将它们串联起来，再翻译整段话的意思。这种方法可以减轻译员的记忆负担，从而有效地避免译员忽略某些关键信息的问题。除此之外，按照意群分解句子还可以培养译员的语感和预测能力，提高译员的语用能力，使译员在以后的工作中的措辞更加准确。

例如，"As this is our first transaction concluded at a time when the world competition is rather keen，I would suggest that you give me more favorable terms so as to promote trade between our two parties."可以按照意群切分为："As this is our first transaction concluded / at a time when the world competition is rather keen, / I would suggest that you give me more favorable terms / so as to promote trade between our two parties." 译员可以根据以上切分，将这段话翻译为"这是我们第一次交易合作，而且现在的国际竞争十分激烈，因此我方建议你方应该提供更有竞争力的条件以促成这次交易"。由于"at a time when"引导的是一个定语从句，在同声传译过程中，如果译员在对方表达完毕之后再进行传达，则很有可能会忘记前面的内容。

再如，"The products of this factory are chiefly characterized by their fine workmanship and durability."可翻译为："产品的主要特点为工艺精湛、经久耐用。"这句话虽然不算长句，但也应用顺译的方式来进行翻译。这是因为在汉语的语言表达习惯中，被动语态都是以授受关系为前提的，所以对于包含主动意向的被动语态，就应该按照汉语语言的表达习惯来翻译。

大部分译员都会使用"only"开头的倒装句，将"我们的货物只有符合标准，才会被商检局放行"翻译为："only when our goods are up to the export standard can the Inspection Bureau allows them to pass."但是更加专业的译员会将这句话翻译为"our goods must be up to the export standard before the Inspection Bureau allows them to pass."第二种翻译更符合英语的口语表达习惯，也就是我们常说的"地道翻译"。第二种翻译的译员在完全理解句子的句意之后，按照译语的表达习惯，采用了顺译技巧，展现出了不凡的语用能力。

需要强调的是，译员在使用以上口译技巧时，应以目的论和口译释意学派的指导为前提，尽最大努力实现译语的预期目标，时刻考虑目标听众的语言文化背景，努力满足谈话双方的交际需求这三个基本标准。

四、口译的过程

口译的基本过程是输入、解译、输出：

从口译过程的形式上看，口译将信息的来源语形式转换为目标语形式，即由"源语"转码为"译语"。

从口译过程的内容上看，口译从信息的感知开始，经过加工处理，再将信息表达出来：信息感知——信息处理——信息表达。口译过程的这三个阶段可具体分解为信息的接收、解码、记录、编码和表达这五个阶段。

译员对信息的接收有两种渠道：一种为"听入"，一种为"视入"。听入是口译中最基本、最常见的信息接收形式，是口译的重要环节。语言信息的听入质量与译员的听觉能力有关。视入是视译时的信息接收形式，这种形式在口译中较少见，有时用作听译的辅助手段。当译员听入母语所表达的信息时，除了不熟悉地方 口音、怪僻语、俚语、古语、专业词语或发生"耳误"情况外，听入一般不会发生困难。当译员听入非本族语所表达的信息时，接收信息将可能构成一道难关，译员对外语信息可能会少听入或者未听入，甚至会误听。接收有被动接收和主动接收两种，被动接收表现为孤立地听入单词和句子，译员的注意力过分集中在信息的语言形式上。主动接收是指译员在听入时十分注意信息发出者的神态和语调，注重信息的意义（包括信息的语境意义和修辞意义）。译员在接收时应该采取主动听入的方法。解码是指译员对 接收到的来源语的信息码进行解意，获取语言和非语言形式所包 含的各种信息。原语信息码是多方面、多层次的，有语言码，如语音、句法、词汇等信息，也有非语言码，如文化传统、专业知识、信息背景、表达风格、神态表情等信息，也有介于两者之间 的，如双关语、话中话、语体意义等信息。由于原语信息码丰富复杂，既呈线形排序状，又呈层次交叠状，所以译员对原码的解译处理不可能循序渐进、逐一解码。对语言信息的立体式加工处理是人脑的物种属性，译员在解译语言信号的同时会综合辨别和 解析各种微妙的非语言信号以及它们同语言信号之间可能发生的关系。这就是智能翻译机无法取代人工口译的主要原因之一。有必要指出，译员的感知和解码能力与其储存在长时记忆中的知识和经验有着密切的关系，尤其是译员的解码能力，会随着知识面的扩大和经验的丰富而增强。

记录，或者叫作暂存，是指将感知到的语码信息暂时储存下来。当以某一种语码形式出现的信息被感知后，在转换成另一种语码前，须暂时储存下来。口译的信息记录采用两种形式，一种是以"脑记"为主，一种是以"笔记"为主。口译记录可以使感知的信息尽可能完整地保存下来，经过转码处理后再完整地传送出去。记录不善往往导致来源语的信息部分丢失，甚至全部丢失。 由于口译内容转瞬即逝，良好的记录显得十分重要，它反映了口译职业的独特要求。记录，尤其是"脑记"形式，往往与解码同步发生。越是简短的信息越便于大脑记录，越是容易解码的信息越容易记录。短时记忆能力强的译员常以"脑记"代替"笔记"，但对于大段大段的信息，重"脑记"而轻"笔记"是危险的，是靠不住的。无论采用"脑记"还是"笔记"，译员所记录的内容主要是信息的概念、主题、论点、情节、要点、逻辑关系、数量关系等。对于单位信息量较大的口译，译员宜采用网状式的整体记忆法，避免点状式的局部记忆法。孤立的记录不仅效率低，而且没有意义。有意义地记录是以有意义地理解为前提，没有理解地记录会导致误译或漏译。

编码是指将来源语的信息解码后，赋以目标语的表达形式。编码涉及信息语言的结构调整和词语选配，译员必须排除来源语体系的干扰，将原码所表达的意义或主旨按目标语的习惯表达形式重新遣词造句，重新排序组合。经过编码加工后的信息不仅要在语言形式上符合目标语的表达规范，而且还应该在内容上保持信息的完整性，在风格上尽可能保持信息的"原汁原味"。口译的编码技巧与笔译的编码技巧相仿，所不同的是，口译要求快速流利，所以无法像笔译那样：有时间斟酌字眼，处理疑难杂症，追求目标语的"雅致"。

表达是指译员将以目标语编码后的信息通过口头表达的方式传译出来。表达是口译过程的最后一道环节，是全过程成败的验收站，也是口译成果的最终表现形式。口译表达的成功标志是准确和流利，只有准确流利的表达才能在交际双方中间构筑一座顺达的信息桥梁。口译表达虽无需译员具备伶牙俐齿、口若悬河、能言善辩的演说才能，但口齿清楚、音调准确、吐字干脆、语句通顺、择词得当、表达流畅却是一名职业译员必备的条件。

五、口译的类型

口译人员的翻译方式大体可分为两大类：同声传译和交替传译。

同声传译是译员在讲话人讲话的同时便译给听众；交替传译又称连续翻译，是译员等讲话人讲完一部分或全部讲完以后再译给听众。

（一）同声传译还可分作三种情况：

1.视阅口译

视阅口译（通常叫作"视译"）是以阅读的方式接收来源语信息，以口头方式传出信息的口译方式。视译的内容通常是一篇事先准备好的演讲稿或文件。除非情况紧急，或出于暂时保密的缘故，译员一般可以在临场前几分钟（甚至更长的一段时间）得到讲稿或文件，因而译员可以将所需口译的文稿快速浏览一遍，做一些必要的文字准备。与同声传译和耳语口译一样，视阅口译同属不间断的连贯式口译活动。

2.电化传译

电化传译即译员利用大会电化设备，通过耳机收听到讲话人的话后，立即再通过话筒译给听众的口译手段。

3.耳语口译

耳语口译顾名思义是一种将一方的讲话内容用耳语的方式轻轻地传译给另一方的口译手段。耳语口译与电化传译一样，属于不停顿的连贯性口译活动。所不同的是，电化传译的听众往往是群体，如国际会议的与会者等，而耳语口译的听众则是个人，其对象往往是接见外宾、参加会晤的国家元首或高级政府官员。

交替传译又称"即席口译"，简称"交传"，是指译员在讲话人以句子或段落为单位传递信息的口译方式。这种情况需要译员以一段接一段的方式，在讲话者的自然停顿间隙，将信息一组接一组地传译给听众。交替口译的场合很广，可以是一般的非事务性的交可以是正式的政府首脑会谈，也可以是演讲、祝词、授课、高级会议、新闻发布会、记者招待会，等等。

（二）交替传译也有两种不同的方式：

1.译员直接把听到的讲话译给听众。这种方式常被称为"同声传译法"，是指译员在不打断讲话者讲话的情况下，不间断地将内容口译给听众的一种翻译方式。一般用于接待、陪同、参观、游览、宴会、生活安排等日常会话中，译员通常凭记忆进行口译。

2.译员把讲话人的话通过话筒传给听众。这种方式常被错误地称作"半同声传译法"。实际上，它只有在多种语言同时连续翻译时才使用。就是说，当讲话人讲过一段话以后，几位不同语种的译员通过各自的话简，在同一时间内分别独立地把演讲人的话译给各自的听众。最常见的方式是，其中的一名译员在会场把听到的讲话直接译给他的听众，而其余的译员则坐在各自的口译箱里，把听到的讲话通过自己的话筒译给自己的听众。

同声传译时，应译出讲话的全文。交替传译时，可以全文译出，也可以稍许压缩或稍加概括。

（三）口译按照操作内容划分类型

口译按其操作内容可以分成导游翻译、陪同翻译、会议翻译、会谈翻译等类型：

1.导游翻译。导游翻译的工作范围包括接待、陪同、参观、游览、购物等活动。

2.陪同翻译。陪同翻译跟随访日代表团或访华代表团的活动，担当其逗留期间的酒店迎送、礼节访问、视察、商务洽谈、会议、宴会、观光等时候的翻译。其中礼节访问、商务洽谈、会议等有时会安排其他的翻译，视具体情况而定。

3.会议翻译。会议翻译的工作范围包括国际会议、记者招待会、商务会议、学术研讨会等活动。

4.会谈翻译。会谈翻译的工作范围包括国事会谈、双边会谈、外交谈判、商务谈判等活动。

会议翻译时选用哪一种翻译方式，当然是由该次会议的组织者决定的。但也常常征求口译人员的意见。口译人员可以参考下述各点予以回答：

（1）只有卓越的演说家和高级口译互相配合，同声传译才会有好的效果。

（2）使用同声传译时，除讲话人所占用的时间之外，译员自己不单独占用大会的时间。使用交替传译，译员需单独占用大会时间。时间的多少取决于以下三个因素：第一，要看译员的水平如何，水平高就省时间，水平低就费时间。第二，要看大会允许（或者要求）译员对讲话人的讲话进行概括或压缩到何种程度，压缩得越多，越省时间。第三，要看用几种语言按先后顺序进行交替传译。使用的语种越多，就越费时间。

（3）如果讲话人是读事先准备好的讲稿，那就必须预先把讲稿交给译员，这样交替传译能顺利进行。

（4）在会场直接交替传译时，只能使用两种语言，最多不超过三种语言。而且只有在译员能够大量压缩原文时，才使用三种语言进行交替传译。正常情况下，只要有两种以上的工作语言，就需要有电化设备，以便于进行同声传译，或几种语言在同一时间之内分别进行交替传译。

在同一届会议期间，可以既使用同声传译，又使用交替传译，这是应该牢牢记住的。当讲话人在全体会议上照本宣科时，可用同声传译。当进行大会辩论时，可用交替传译。当只有一位代表需要某种特定语言的翻译时，可用耳语口译。如果还有另外的情况，则用其他相应的翻译方法。

上述分类旨在说明口译活动的几种不同类型，而在口译的实际工作中，界线分明的口译类别划分往往是不可能的，也是不必要的，因为许多场合的口译不是单一性的，而是混合性的。所以，一名优秀的译员应该是兼容性强的通用性译员，是能胜任各种类型口译工作的多面手。

六、译员的必备条件

口译是一门专业要求很高的职业。虽然粗通两国语言的人也可以做一些简单的口译工作，但是他们却无法承担正式的口译任务。要成为一名优秀的职业译员，除了一些必要的生理条件和心理条件之外，通常需要经过专门学习和强化培训，培养和提炼职业译员所必须具有的素质。一名专职译员应具备哪些基本条件呢？译员应具备的主要条件是：一方面，他必须"消极被动地"接受别人强加给他的一切。就是说，他必须完整地、非常顺从地接受演讲人所表达的全部想法；另一方面，他又必须"积极主动地"作出反应，做到思维敏捷。一般说来，每个人都可能具有其中的一个特点，但却很少有人同时具备这两方面的才能。这也正是当今世界上缺少优秀口译人才的原因。因此，甚至有人认为："口译人员是天生的，而不是后学的"。这样的说法固然有不妥之处，但奇才难得也是事实。

口译人员还需要有非凡的记忆力。我们将在下面作进一步说明，所有的翻译技巧对译员来说，都只能是辅助手段。译员的记忆力表现在两个方面。一是必须记住大量的常用词汇，以便口译时能立即脱口而出。二是必须把别人在一段时间里（一般不超过一小时）所讲的话，都忠实地、详尽地表达出来。译员在译过一段内容之后，又必须把它立即忘掉。只有将已经无用的东西立即排出脑海，才能保持完好的记忆。口译人员记忆的特点也就在于此。这和学生学外语的记忆不同。学外语的学生可以随时学、逐渐学，但需长期记住，反复使用，而译员则是在短暂的时间内，尽可能记住所听到的全部内容，并且仅仅使用一次，然后又必须立即忘掉。

　　口译工作和笔译工作是两种完全不同的工作。而且在很大程度上，我们甚至可以说，是两种完全对立的、不能相提并论、不可同日而语的工作。因此我们说，口译和笔译全拿得起来、样样精通的全才，是屈指可数和难能可贵的。这是因为，笔译人员着眼于用词优美而准确。他可以而且应该借助于词典和各种工具书反复推敲，甚至还可以与别人讨论，求得他人的帮助，然后再写出译文。口译人员则不同，他没有充分的考虑时间，不能参考任何文件资料，不能向任何专家学者求教，而且还必须马上让听者尽可能准确地理解讲话人的语意。当然，口译人员也有有利的一面，他可以根据讲话人语调的变化，深入理解讲话的内在含义，也可以用迂回法意译。如果听众还是听不明白，译员还可以换个说法或加些解释。因此，口译工作和笔译工作是思路截然不同、做法完全相反的工作。对同一个人来说，还是互相牵制，相互妨碍的两种工作。

　　译员由于工作需要，思想上往往长时间处于难以忍受的高度持续紧张状态。因此，译员必须保持清醒的头脑，这是口译的必备条件。

　　译员必须有扎实的两种或两种以上语言的功底。译员的双语能力不仅指通晓基本语言知识，如语音语调、句法结构、词法语义等知识的掌握，更重要的是指运用语言知识的能力（如听、说、读、写、译）。此外，译员还应该了解各种文体或语体风格和语用功能，掌握一定数量的习语、俚语、术语、谚语、委婉语、缩略语、诗句等词语的翻译方法。

　　译员必须具备清晰、流畅、达意的表达能力。在做口译时，要做到语速不急不缓，音调不高不低，吐字清晰自然，表达干净利落，择词准确恰当、语句简明易解，译文传神传情。

　　译员必须有广博的知识，对政经知识、人文知识、科技知识、商贸知识、法律知识、史地知识、国际知识、民俗知识、生活常识等，都要略窥门径。

　　译员必须具有高尚、忠诚、稳重、谦虚的品格和大方素雅、洁净得体的仪表。译员必须讲究外事礼仪、社交礼节和口译规范。译员在口译工作时，要忠实翻译，做到不插话、不抢译、不随意增减原文内容；要把握角色，不可喧宾夺主、炫耀学识。译员要随时检点自己的服饰和仪容，戒除不拘小节、不修边幅的习惯。总之，一名高级口译应该是一个仪表端庄、举止大方、态度和蔼、风度儒雅、言谈得体的外交家。

以上论述简要介绍了口译的理论和范畴，旨在对"什么是口译"做一番概述。至于"如何进行口译""如何处理口译的难题""如何成为一名合格的译员"，则需要学习者积极参与口译培训，勇于参与现场实习，一步一个脚印地学习口译的基本知识和技巧，在坚持不懈的口译实践中逐步掌握规范的口译方法。

七、日语口译的现状及未来

中日两国不仅是"一衣带水"的邻邦，更有自古以来达两千年之久相互交流的历史。1972年中日邦交恢复以来，又经过了30余年的岁月。期间，在文化交流日益频繁和经济全球化趋势不断 加强的背景下，中国进一步加强了对外开放的力度，一个蓬勃向上而富有生机的中国展现在世人面前。尤其是中国加入WTO、北京获得2008年奥运会主办权、2010年上海举办世博会等，在中国的发展令世人瞩目的同时，中日两国的合作关系也得到进一步的强化、扩大，今天更建立了"和平和发展的友好合作伙伴"关系。作为今后紧密合作、关系成熟的伙伴，两国世世代代的交流将会有巨大的发展。

中日间想法的沟通、理解的增进、友好的发展、通过各种渠道的交流，正在由"点"接触的时代向"线"、乃至"面"接触拓展。日汉口译人员作为沟通的桥梁，人们对其期望之高，作用之大，对未来之重要，从没有达到像今天这样的高度。

当然，我们谁也不能否认，在当今全球化潮流汹涌澎湃的国际大形势下，因特网将世界变得越来越小，而英语作为一种"准世界语"在国际交流沟通中占据着主导地位。由于英语较长一段时间以来作为一种强势政治经济背景下的"强势语言"，一直是国际会议的主要工作语言。因此，在英汉口译方面，英汉口译界的前辈在这领域的耕耘奠定了坚实的理论基础。其中张维为先生所著《英汉同声传译》（中国对外翻译出版公司1999）就很具有代表性。张先生认为："同声传译可以比作一座四层楼建筑：第一层是语言知识，第二层是背景知识，第三层是译员必备的素质，第四层才是同声传译理论和技巧。第四层能发挥作用靠的是底下三层的支撑。同声传译一篇发言，如果听不明白讲话者的用语含义，或不理解所说的知识内容，那么无论掌握了多少同声传译的理论和技巧都无法成为一个合格的同声传译译员。同样，缺乏一个译员应具备的基本心理素质，反应迟钝，容易怯场，同声传译也就无从谈起。当然，这四个层面都有一个逐渐形成的过程。"这一观点形象而直观地道出了同声传译的精髓。

尽管日语较之英语在使用范围、语言结构特点以及文化背景等有着很大的不同，但是从人类思维方式的共性、语言表达上的普遍性等方面来说，英汉口译的很多理论知识和技巧都是可以学习和借鉴的。

学外语的人往往都有一个理想，那就是在研究外语语言文化方面的特点的同时，希望自己在表达上可以"以假乱真、出神入化"；在翻译上可以笔译与口译兼顾，尤其是可以登上同声传译的高峰。当然，要想达到上述目的，需要经过一番艰苦甚至是痛苦的磨炼才能如愿。尤其是高级口译有很多技巧，要经过相当艰苦严格的训练才能掌握。

在此要重申的是，今天，人类已经进入了21世纪，中日关系也进入了更为成熟的阶段，交流的范围正不断扩大，对于处在这样一个中国和日本的交叉点上的日语译员来说，也正在体验着兴奋和激动。我们期待着今后中日关系的进一步发展，也期待着翻译人员更努力地为此贡献力量。

第四章　口译相关理论的应用

第一节　口译模因理论传播研究

一、模因论发展概况

（一）模因论的提出

模因论是一种基于达尔文进化论的观点来解释文化演变和传播规律的新型理论。模因（Meme）这一概念最早是由英国生物学家理查德·道金斯（Richard Dawkins）在1976年出版的《自私的基因》中提出的，道金斯将其定义为文化传播的单位或模仿的单位，主要是指在文化的领域中，人和人之间在不断地模仿及复制所传播的思想。作为模因论的核心，模因一词来源于希腊语，在希腊语中的意思是"被模仿的事物"。生物进化论的核心术语是基因，生物的发展、进化都依靠基因进行传播和遗传。模因是个体之间相互传播语言或情感的认知行为模式，它起初存在于某个个体的大脑记忆中，与进化论中生物体的基因相似，是人类文化的基本单位，其传播方式为复制和模仿。将模因与生物进化论中的基因联系结合，能够更有力地诠释文化的生生不息和繁荣发展，更好地解释人类不同种族文化之间存在的差异。

对模因这一概念进行定义经历了两个阶段。在第一个阶段中，模因被纯粹地认为是模仿文化单位，表现在诸如音乐的韵律曲调、思想看法、时代语言、服装穿戴、房屋建构等精神和物质文化模式；在第二个阶段，模因被看作是人在大脑中所存储记忆的信息单位，是存在于人脑中的复制因子。

在我国，何自然教授最先将模因论引入语用学界的范畴。根据何自然教授的研究，语言研究可将模因传播信息和文化交互的方式结合起来，为人类研究语言、分析语言现象提供一个更加明确的指导方向。

从模因论的角度来看，在语言文化交际当中，语言选择和使用的过程实际上就是各种文化、语言模因相互竞争的过程。那么翻译作为语言研究的一部分，也能够与模因论相结合。芬兰学者安德鲁·切斯特曼（Andrew Chesterman）最早将模因与翻译理论有机系统地结合在一起。切斯特曼认为，我们可以将翻译研究看作是模因论的一个分支。从模因的视角看，翻译理论的进化本身就是翻译模因不断复制和传播的结果。如同基因在生物体中的遗传复制一样，翻译模因在传播过程中对原模因进行了忠实地复制和继承，其结果与原模因相比完全一样；另外，语言模因由于受到环境、人为等因素的影响，在复制和继承的过程中会发生突变，复制和继承的结果不一定完全相同，相对于前一时期的语言模因，或多或少会出现增值或删减的情况。

因此，翻译模因可分为模因基因型和模因表现型两种方式。模因基因型是指在翻译中将源语的意思忠实地转换为另一种语言中相对应的意思；模因表现型则指源语在不同的文化中有不同的意象表达，需要顾及译语文化的意象环境。这两种方式以一种新的方式阐释出翻译中的归化和异化策略，可以大大提高翻译的质量和效率。

（二）模因论的发展

模因是文化传播的单位或模仿的单位，它主要指在文化的领域中，人和人之间在不断地模仿及复制中所传播的思想。有研究者认为，模因是个人记忆中的一个固有模式，能够把一个人的记忆转移到另一个人的记忆里。

模因像是一种恶性病毒的传播，能够刺激人类的大脑，改变人类的行为方式。只要出现一个领头宣扬人对某件事物（如对口号之类的标语、音乐旋律）进行针对性的大肆传播宣扬，其余人都会像被施了魔法一样不自觉地进行模仿，并向外传递，形成一种跟风式地模因现象。

模因靠复制而生存，类似于克隆，在某种思想或是新式信息出现的初期，在这种思想和信息还没有被复制和传播前，还不能够算是模因。只有在这种思想和信息被大肆传播和模仿的情况下，才会产生模因效应。任何一个新消息只要被复制、传播和模仿，就可以称之为模因。

模因的传播就像瘟疫病毒一样可怕，病源变化莫测、无处可寻，它从一个宿主身上转移到另一个宿主身上，周而复始，形态不断变化、难以捉摸，却又保持着固有的形态和模式。当我们发现某一现象或信息不断传播时，便可以判定就是模因。

任何形态的传播都可以被理解为模因，可见模因范围广泛。但模因也有好坏、善恶、利弊之分。例如，传递爱国、积极向上的正能量模因，可以使中华优秀传统文化发扬光大，薪火相传，传向世界各地。不好的模因，如吸毒和偷盗等行为也会传播，但这类人群在社会中只是一小部分，他们的自控力和意志力都比较薄弱，思维的偏差牵制着他们的欲望，甚至会使他们做出危害社会的事情。社会上的另一种邪恶的现象，如赌博、暴力倾向等，这类模因的传播会对社会发展造成一定的危害。还有一些封建迷信的模因，会侵蚀人的心灵。实际上，模因的传播与真实性之间并没有切实的关系，如人们茶余饭后的传言遍布大街小巷，但无法保证其真实性。

模因的种类多样，可以以个体存在也可以以复合体的形式出现，模因与模因之间相互支持，形成关系密切的模因结合体就是模因的复合体。大脑里信息内容的自我复制和传播是模因的基因型；信息的形式被赋予不同内容而得到的复制和传播，则产生各种模因的表现型。

二、模因论与口译研究

（一）模因视域下的口译发展

模因论是在达尔文进化论的观点上来解释文化传播的新理论。最早将模因引入翻译理论研究的是切斯特曼和弗米尔，而最有影响力的还是切斯特曼的《翻译模因论》。切斯特曼在该书中把有关翻译本身以及翻译理论的概念或观点（如翻译的理论概念、规范、策略和价值观念等）统称为翻译模因。他还提出翻译是模因的生存机器，翻译为模因复制创造了条件，大量的模因在翻译的过程中得到复制。2006年，学者陈琳霞和何自然从语言模因论角度进行了探究，指出语言本身就是一种模因。他们认为模因以语言为主要载体进行传播，因此如果模因要进行跨文化传播就需要进行翻译。由此观之，模因、语言、文化、翻译是密切相关的。而模因翻译论正是从模因复制模仿的角度解释口译现象的理论。

一般来说，翻译可以划分为口译和笔译两部分。口译作为最早出现的翻译方式，是通过口头语言表达的方式，将一种语言准确迅速地转换成另一种语言，以实现语言及文化的传播和交流，是人类在文化交流和民族交融过程中最早开始使用的基本语言交际工具。口译的过程实质是一种动态的交际，它的过程要经过五个阶段，分别为接收源语信息、对源语信息解码、记录关键信息、重组信息逻辑和表达信息，这与模因传播的生命周期相似。

口译是译员通过译语语言向听众复制传播源语文本中的文化模因和语言模因的过程。源语文本的作者通过源语文本向源语读者和译员展示着语言模因和文化模因。源语文本是语言模因和文化模因的载体，承载着作者的思想及他想要传递的文化模因。译员作为模因宿主具有特殊性，是两种乃至两种以上的语言和文化的宿主，即译语文化和源语文化的宿主，译员携带模因并对源语模因进行解码、记忆、表达与传播。

口译有极强的目的性，模因的传播发展对源语与译语两种语言文化相互包容理解有着积极的促进作用。在口译过程中，译员通过源语文本材料的模因与源语文本的同化模因，对源语文本中的模因进行记忆理解，并用译语将源语文本中的模因翻译出来传递给接收听众，进而完成了口译模因的复制与传播。接收信息的听众在理解译文时，形成了一个语言和文化模因同化、对模因产生记忆、再将模因表述出来的过程，完成了源语模因向译语模因的进化。

口译过程中语言是一种模因，语言中的字、词、句、段、篇、章，只要通过模仿被复制，都有可能成为模因。在口译过程中，语言模因的成功复制要经过四个阶段：第一个阶段是同化，一个有效的模型应该能够影响受体，听者要注意理解和接受；第二个阶段是记忆，模因必须在人脑的记忆中停留一段时间才可以进行复制和传播，而且停留的时间越长，就越使听者受到最大效果的影响，同化的效果也能实现最大化；第三个阶段是表达，是指译员在将信息传达给听者时，模因必须从记忆模式转变为听者所熟悉的语言或行为模式，最突出的表达方式就是话语、文本、图片、行为等；第四个阶段是传播，传播的模式为传播借助各种物质载体或媒介扩大传播范围，它们具有很强的稳定性，确保转移的表达不会被扭曲或变形。

译员在口译过程中，难免会出现漏词、停滞、语义顺序混乱等问题，而模因论的信息传递、复制的特点刚好可以解释以上状况，有助于译员快速解决问题，保证翻译质量。

（二）模因视域下的口译传播与应用

布莱莫将模因分为两种形式，即基因型和表现型。基因型指内容相同形式各异的模因。表现型指形式相同内容各异的模因。基因型模因在翻译中十分常见，所指意义对等的词汇、短语、句子的翻译，人名、地名的音译以及大部分与译语对等的事物都是模因的完全复制。源语与译语词汇的内涵不对等的情况常常会出现表现型模因。例如，在翻译约翰·曼斯菲尔德的诗"The West Wind"时，如果我们把它译为"西风"的话，这只是形式上的一致，但意义、内容和原文有很大的出入。在原文"It's warm wind, the west wind, full of birds' cries; I never hear the west wind but tears are in my eyes…"中，"the west wind"是温暖的意思，是春天的象征，如果直译成"西风"与原文内容不符。其原因是在汉语中"西风"有寒冷之意，给人以冬天来临之感，若译为"西风"不会给译语的读者或听众带来温暖的感受。

在模因进化过程中会出现模因的完全复制、部分复制或创造性复制，其中模因的完全复制是一种理想的口译过程。口译中源语文本是源语文化模因和源语语言模因的载体，译员往往会使用流畅自然的译语来展示源语文化和语言，这时源语语言是隐性的，但源语文化却是显性的。部分口译过程可以沿用笔译的模因的复制方法，以《丰乳肥臀》为例，如书中的"大姐""老三"，可以译作first sister、old three、，并在这些词的前面加上了"in families, proper names are used far less often than relational terms."译语在某种程度上可以说是源语语言的隐身和源语文化的显身，是一种创造性的复制。例如，在翻译"炕"时，可以使用音译加注释的方法将其译为"the brick and tamped-earth sleeping platform, kang"，将中国北方这一特有的事物形象用自然流畅的语言展示给译语读者，但同时译员还为译语读者呈现了新的语言模因kang。在后来他直接使用kang来翻译"炕"，使其在译文中反复出现，不停复制，以同化译语读者，使译语读者接受这一词语并产生记忆，为kang在译语中的成功复制和传播创造了条件，kang和"炕"成为一组基因型基因，是模因的完全复制。中文中的人名与译语的人名并不对等，可以用音译的方法。但中文的人名往往是有含义的，而音译过去时文化内涵却无法成功复制。例如，在《丰乳肥臀》中，除了双胞胎姐姐叫上官玉女之外，上官金童的其他七个姐姐分别叫作来弟、招弟、领弟、想弟、盼弟、念弟、求弟，译员在口译时就不能采用直接音译法将其译为"laidi、Zhaodi、lingdi、Xiangdi、Pandi、Niandi、Qiudi"，因为这仅是语言模因的复制，遗漏了重要的文化模因，即上官家族对男孩的逐渐递增的渴望。译员在口译时若未对这些名字的内涵做出任何补充说明，文化模因就没有复制成功，译语与源语就不能做到完全对等。

三、口译过程的模因策略

口译是一种较为特殊的交际方式，以口口相传的表现方法将所接收到的源语信息快速、精准地进行双语言之间的转换，从而实现信息的传递和交流。其实语言本身就是一种模因形式，口译的目的也就是将一种语言转换为另一种语言，这正是人类历史文化在长期发展中所形成的一种最基础的语言交际媒介，所以说，口译其实就是语言模因在跨文化交际过程中的传递与同化复制。口译过程实际上也包含了四个阶段：源语的输入、解码、编码和译语输出。口译时，译员要首先理解源语含义，其次要对源语进行语言的转换与重组，然后根据译语的特点进行复制，最后才是将译语输出，从而完成了口译。这个过程与模因的四个过程相似，我们也可以说口译的过程就是模因产生、同化、理解和表达的过程。

（一）口译过程的基因型策略

1.基因型策略

何自然教授提出的语言模因观认为，语言模因的复制和传播可以分为两种形式，即基因型模因和表现型模因。模因基因型是指结构逻辑不一样但所表达的内容和意思完全一样，也就是说模因在复制和传播过程当中，结果可能以同样的结构和逻辑形式出现，也可能会以不同的形式输出，但最终表达的内容与源语的意思是一样的。模因基因型又可分为等值模因和等效模因，等值模因主要是指语义等值模因。按照乔姆斯基的说法，语义表达能够分为表层意义和深层意义。因此，等值模因可以进一步分为表层意义等值模因和深层意义等值模因。所谓表层意义是指源语的字面意思，即一个词或一个句子的字面意思，而深层意思即为一个单词或句子所隐含的意思或含义。

在表层意义等值模因中，译员通过对源语表层结构的转换，忠实地复制了源语中的核心模因。如果说话人、译员和听者在文化上有共通的地方，那么译员可以直接采用表层意义等值模因，因为译员可以很容易在源语中找到与听者所处文化相同的模因，所以可以轻易地对源语解码并进行传播。但是，如果说话人或者听者分别拥有独特的民族文化，译员就需要根据听者的认知环境和能力进行处理。当说话人与听者所拥有的文化能够相互交融并达到对方所熟悉的程度时，译员就可以采取表层意义等值模因的方法传播语言。

语用语言等效模因的复制不拘泥于源语的形式，用最接近源语意思的词汇和句子将源语中的内容翻译出来，达到等效的目的即可。在交际语言等效模因中，译员尽可能地选择适用于听者语言环境的编码模式以真实地传达说话人的思想和意图，确保听者能够准确地理解说话人的意思，并将源语模因开始新一轮的传播。而社交语用等效模因主要指社会文化层面上的等效传播，这就要求译员对口译过程中所涉及的文化进行理解和解码。也就是说，译员既要充分理解说话人所处的语言和文化背景，也要考虑到听者的文化认知和语言环境。

2.口译基因型策略应用

在实际的口译过程中，基因型模因策略应用较广。下面将从实际的口译例子中深入分析该策略的应用。

源语：这一伟大胜利，开辟了中华民族伟大复兴的光明前景，开启了古老中国凤凰涅槃、浴火重生的新征程。（2015年9月3日习近平同志在纪念中国人民抗日战争暨世界反法西斯战争胜利70周年大会上的讲话）。

译语：This great triumph opened up bright prospects for the great renewal of the Chinese nation and set our ancient country on a new journey after gaining rebirth.

在汉语演讲中，四字格词语层出不穷，四字格词语也是汉语中富有特色的表达。源语中的"凤凰涅槃、浴火重生"在汉语中是一个典故传说，意思是凤凰经过烈火的煎熬和考验，在熊熊大火中诞育新的生命，也就是重生的意思。根据社交语用等效模因，因为在英语文化中没有直接对应的语言模因，所以译员在口译的过程中需要将典故的意思表达出来。

源语：……解决经济发展中存在的不平衡、不协调、不可持续问题……使中国经济凤凰涅槃、浴火重生，保持强劲发展动力。（2015年9月22日习近平同志在美国华盛顿州西雅图市出席华盛顿州当地政府和美国友好团体联合举行的欢迎宴会上的演讲）

译语: We will solve the problem of unbalanced, uncoordinated and unsustainable development…we will enable the Chinese economy to successfully transform itself and maintain strong momentum of growth.

同样也是"凤凰涅槃、浴火重生",但是在不同的语境中,译员做出的表达应该是不一样的。transform的字面意思是转换、转化,这与汉语中的"重生"有相同的意思。语用和语义等效模因强调尽可能地找到与源语意思最接近的词汇,将源语意思最自然地表达出来。因此,在谈到经济发展问题中,译员应巧妙地结合语境,将源语意思准确无误地表达出来。

源语: 21世纪以来,东亚发展翻开了新的一页,各层次合作机制不断丰富和完善。(2015年11月22日李克强同志在第十届东亚峰会上的发言)。

译语: In the 21st century, a new page has been turned in the development of East Asia and there have been more and better cooperation mechanism at various levels.

英语语言和汉语语言最大的不同就是语态的不同。众所周知,在汉语语言中,不论主语是人还是物,我们总是习惯用主动语态;而在英语语言中,情况正好相反,被动语态使句子在逻辑和意思上更有气势和说服力。根据模因基因型的翻译策略,译员在处理上述话语时,巧妙地将句子的语态转换为适应译语语言习惯的形式,达到了结构不同但内容相同的完美效果。

源语: 很高兴参加博鳌亚洲论坛2012年年会……对各位远道而来的嘉宾表示诚挚欢迎!(李克强同志在博鳌亚洲论坛2012年年会开幕式上的演讲)。

译语: I am very glad to be here at the Boao Forum for Asia Annual Conference 2012…I'd like to extend my sincere welcome to all the guests here coming from far.

在汉语中,我们经常会发现无主句的句子,这符合汉语语言习惯和中国人的思维习惯。汉语注重意合,而英语语言习惯是注重形合。以上两句汉语演讲致辞都没有主语,但是口译过程中译员要充分考虑听众(英语语言者)的语言习惯,将主语表达出来。因此,根据模因深层意义等值翻译策略,译员在口译过程中,一定要顾及听众的语言习惯,这在一定程度上也体现了社交语用等效模因的运用。

源语: Mr.President, your visit is a defining moment in this very special year for our bilateral relationship.（2015年10月20日英国女王在白金汉宫欢迎习近平夫妇访英晚宴致辞）。

译语：主席先生，对于英中两国双边关系非常特殊的一年来说，您的访问是一个决定性的时刻。

这句话来自英国女王的晚宴致辞。众所周知，英语和汉语两种语言在语法结构上有所不同。英语中，习惯把最重要最核心的部分一语道破，然后再加上修饰性的状语；而在汉语中，情况正好相反，我们在汉语中习惯先把一系列的状语、修饰语罗列出来，最后才把核心内容表明。在如上的例子中，英汉两种文本的重点都是说这一访问是决定性的时刻，但是在两种不同的语言环境下，逻辑结构却是不同的。根据基因型翻译策略，除了句子结构上的不同之外，译语几乎是忠实地将源语信息表达了出来，没有任何的增减遗漏。

源语：Education is very close in my heart…In those days, not many villagers could read. So my father opened a night school to teach them how to read.（2015年9月26日彭丽媛在联合国总部参加"可持续发展教育优先"高级别活动演讲）。

译语：我非常关注教育……那个时候许多农民都不识字，当时我的父亲开办了一所夜校专门帮助"扫盲"。

彭丽媛在联合国演讲时谈到了以前中国的教育情况。源语中的is very close 字面意思是很近、非常近，但是结合语言环境，译员将其译为"很关注"，这就是深层意义等值模因的体现。再有，后面could read、teach them how to read，字面意思是"会读""教他们怎样读"，但是当时中国大众受教育的情况，全国正在掀起"扫盲"的热潮，也就是教人们认字的热潮，因此译员在口译的过程中将其译成了"识字""扫盲"，很好地迎合了汉语语言环境的实际情况，将语言模因较通俗地进行了传播。

总之，在口译过程中，译员作为语言模因的传播者，首先应该忠实地将源语中的意思和文化内涵准确地表达出来，其次还要确保听者能够对译文进行正确地再解码，以便能感染新的听众，使得语言模因能持续无误地传承下去。由上述的口译例子可以看出，模因基因型策略对口译员来说是一个较为灵活的翻译技巧和转换信息的方法，使得译员在口译过程中不仅能准确地传达说话人的意思和意图，也能将听者同化，促使交际双方在交流中取得良好的信息交际效果。

（二）模因论视角下的文化负载词口译策略

1.模因论与文化负载词口译

文化负载词是最能体现语言中浓厚的民族色彩和鲜明的文化个性的特殊词汇，是不同地区特有的文化载体，是一个国家、民族、地区历史文化的结晶。因此，文化负载词的翻译对于促进文化的交流和有效传播具有重要意义。这就要求译员在翻译这些词汇时，不仅要准确恰当地理解不同国家、地区文化中的信仰、习俗、审美、价值观，同时忠实地传达其精髓与灵魂。但正是因为文化负载词的独特性，译员很难准确地把握语言的转换方式。口译过程通常是对源语信息的复制、模仿和创造过程，因而能否对文化负载词做到恰当的复制、模仿是口译能否成功的关键因素。

2.音译加解释

源语：夫子庙乃中国四大文庙（之一），为古代江南文化枢纽之地，荟萃金陵历史，这里不仅是明清时期的文教中心，同时也是居东南各省之冠的文教建筑群，可以说，夫子庙是中国最大的传统古街市。

译语：This temple is one of the four most famous Confucius Temples in China and the cultural hub of South China in ancient times. It is not only an important educational and cultural center in Nanjing during Ming and Qing dynasties but also the largest home to cultural institutions in Southeast China and the largest ancient street in China.

解析：这段源语文本是关于庙宇的景点介绍，源语中涉及了物质文化类的专有名词，如夫子庙等。一方面，译员对其进行的解释处理并不妥当，其中"夫子庙"和"文庙"这两个词汇的延伸意义近乎相同，如果译员不对其进行详细区分描述，接收信息的听众容易混淆两者的概念。南京夫子庙属于文庙的范畴，是文庙概念的一个小的分支，而译员并没有将其表述出来。译员其实可以换一种翻译方法，运用音译加解释的方法将夫子庙翻译成"Nanjing Fuzimiao，also known as the Temple of Confucius"，以便听众理解。

3.以目的语模仿为导向

语言之间都存在共通之处，但也存在差异性，译员应该在确保能够准确地翻译出源语意思的同时，运用一种可变化的方式尽可能地找出两种语言之间的相似表达形式，将交际沟通以最优化的形式完成。语言文化类中的文化负载词就能够采取此项措施，在英语源语中找寻相似之处，将文化交际沟通做到尽可能完美。

源语：今年南京的春季（恰逢）多雨的季节，但是中国有句老话叫"自古贵人多风雨"。感谢各位的到来……我相信，人多力量大，各位精诚合作，必能成功！

译语：It is spring here，the rainy season of Nanjing. As an old Chinese saying goes，the rain will often come along with the rich and powerful… I believe that with our joint effort，our cooperation will lead to success in the future！

解析：这段源语的中心思想是想要表达对外国合作代表的欢迎之意，以及相互之间的合作意向，源语中有一句中国俗语"自古贵人多风雨"，也可以理解为"贵人出门多风雨"，或者"贵人出门招风雨"，这是一种"祥瑞之兆"，其典故是在我国西北干旱地区，传说只有贵人出门才会天降甘霖，以解旱情。因此，"贵人出门多风雨"是一种象征美好的褒义词汇，是对外国代表的尊重之意。在这种情境下，将"贵人"翻译成the rich and powerful不如翻译成distinguished guests更为具体贴切。

4.选择性省略

译员在进行口译的过程中，可以结合主观能动性，对源语进行适当的修饰、保留或是删减，但是必须保证源语的意思不变，且接收信息的听众能够理解所表达的意思，会议流程能够按规定时间进行。类似于文化负载词中包含政治文化的专有性名词，就可以使用这一方法，用辩证的思维，去分析源语主旨，保留源语的神韵。

源语：夫子庙秦淮风光带就位于南京市秦淮区，以夫子庙古建筑群为中心，以纸醉金迷的十里秦淮为轴线，以我们城市引以为傲的明城墙为纽带，串联起众多全国重点文物保护单位、省级和市级文物保护单位。

译语：The scenic belt winds along the Qinhuai River meets with the Nanjing Confucius Temple at the center. Moreover，the Qinhuai River serves as a bond connecting many national，provincial and municipal key cultural heritage protection units.

解析：上面这段英语译文表述中，含有大量的政治文化色彩，其中包含国家政府创立的文物保护设施等，这些词汇出现在商务案例中，就显得有些格格不入，因为外国人对这类词汇没有明确的概念。因此，译员在翻译时可以对政治类词汇进行跳跃式忽略，只要掌握源语整体表达脉络，自然地将源语主要思想表述出来即可，而不是将国家、政府等专有名词进行直接翻译，以保证沟通效果最理想化。但这些词汇如果出现在政府的相关工作报告中，译员应在保证源语模式的基础上直接地将它们表述出来。

5. 概括化翻译

源语：继续推进企业上市三年的行动计划，力争新增新三板挂牌企业，发展壮大民营经济，引导企业由粗放型向集约型的转型。

译语：We will continue to promote the three-year action plan to increase the number of listed companies going listed especially on the New Three Board Market. We also want to strengthen the power of private sector and make the industry more efficient.

解析：这段译语的表述，都是在对具有中国特色的专有名词进行翻译解释，难度较高，如源语中提到的粗放型和集约型等词汇。原文中介绍了企业之所以转型发展是因为，近年来国家政府多次提出需要进行经济转型，粗放型经济通常情况下是指非精细化的以大型生产为主的经济，附加值偏低，对环境污染和社会影响比较大，如偏劳动密集的经济类型。集约型经济与粗放型经济相比则恰恰相反，其做工精良、科学技术含量较高，附加值比重明显上升，对环境污染的影响微乎其微。译员采用了概括化口译策略，将源语翻译为"make the industry more efficient"，不仅符合源语的意思，也达到了传递信息的效果。

第二节　生态口译理论交际应用研究

一、生态口译理论发展概述

（一）生态翻译理论

1.生态翻译理论的提出

生态学最早应用于对生物个体的探索，经过了多年的发展，生态学已经渗透至各个领域，其涉及面越来越广，还派生出了很多新的词语，如生态农业、生态园林等。

生态学是由德国著名的生物学家海克尔先生提出的。生态学是研究生物个体和所处环境之间的关系的科学。生态学作为新兴的学科，近年来得到了广泛的关注以及迅速的发展。生态翻译学，从字面上理解就是从生态学的视角对翻译进行研究，其发展的过程及结果体现出了翻译研究其实是为生态利益服务的。生态翻译学研究以生态为主体、以自然选择为基底，主要对生态文本、生态翻译以及生态翻译群落三者之间的相互作用与关系进行探讨。要想探索生态翻译学的起源，就必须提到翻译生态转向的发展。20世纪80年代初期，英国著名的翻译学家皮特·纽马克就对翻译的生态特征进行了描述。2003年，爱尔兰都柏林城市大学人文科学系主任米歇尔·克罗尼恩在《翻译与全球化》一书中对不同语种进行了生态翻译研究，他指出不同语种之间的翻译应在健康、和谐的状态下进行。

一个新理论的生成与发展，都是有迹可循的，生态翻译理论也不例外，它是从适应选择论的发展基础上得来的，换言之，适应选择论是生态翻译初始阶段的理论依据。生态翻译学理论以达尔文生物进化论为发展基准，即以适者生存法理论为基础，提出了生态翻译学理论。生态翻译学与口译的文化转向大不相同，生态翻译学是以生态为基准对翻译进行研究，着重注意生态的整体性，并充分考虑分析到每一个细节，即以生态学的视角看待问题，对翻译的过程、评判及最为基础的本质和翻译过程中出现的状况进行新一轮的分析与描述。生态翻译学主要以译员为中心，结合生态环境对多方面的翻译理论知识和生态系统进行整体分析。在以生态翻译学理论作为知识大背景的情况下，理论研究不断深化成熟，并且不断有新知识、新发现在实践中得到认证。

2001年10月，清华大学二级教授、翻译研究哲学博士胡庚申先生在香港浸会大学做了题为"从达尔文的适应与选择原理到翻译学研究"的翻译学讲座。2001年12月，在国际译联第三届亚洲翻译家论坛上，他宣读了他所撰写的《翻译适应选择论初探》论文。在此之后，大批国内外翻译界人士开始从生态学方向开展翻译研究活动，生态翻译学这个新名词也被人们所熟知。2010年11月9日和10日，澳门理工学院举办了第一届国际生态翻译学研讨会，会议期间，中国、丹麦的一些专家、学者对生态学研究进行了探讨和信息交流。历经

10年的光阴，生态翻译理论逐步被人们所认可，与此同时，国际生态翻译学研究会揭牌仪式也相继举办。这一举措，象征着生态翻译学理论的发展，在翻译史上占有举足轻重的地位，并且预示着其在未来更趋于成熟与理性。

前文也提到，生态翻译学是由清华大学二级教授、翻译研究哲学博士胡庚申先生提出的，其中最主要的一部分是适应与选择理论。生态翻译学是结合生态理性的特点，从生态学的角度有针对性地对翻译进行整体性的探索与研究，是一个"翻译即适应与选择"的生态范式。这一论点对"翻译适应选择论"进行了细化的阐述，对翻译源语文本具有解释作用。其作用主要可以分为四点：一是翻译过程，译员适应与译员选择的交替循环过程；二是翻译原则，翻译以多维度的选择性适应和适应性选择为基础；三是翻译方法，翻译过程中，语言维、交际维、文化维三种维度进行有机的转换；四是评价标准，多维转换程度、读者反馈意见以及译员的文化素养。

虽然语境的概念比较宽泛，但是翻译生态环境的概念要比语境更为宽泛，语境在其中的作用只是作为语言的参照物，并不涉及语言本身和语言的使用。翻译生态环境是由源语文本、文化语境、翻译全体与物质精神高度结合的产物。换句话说，除译员本身外，所有的事物都可以被当作是翻译的生态环境。其实，翻译生态环境是译员的多维度思考与适应性选择的理论依据。也可以说，翻译生态环境是译员和译文存在的整体环境。

生态翻译学探究表明，"适应"与"选择"是译员的本能，是翻译过程中的实质。译员要完全适应生态环境，并且明确自身是生态环境的主体，进而对译文做出选择。适应的根本目的是为了生存，适应的手段是优化选择，而选择是从优胜劣汰的层面去看待问题。从这几方面来看，翻译可以被描述为译员适应与选择的循环往复的过程。

生态学中的三维转换是指交际维转换、语言维转换及文化维转换三种模式。其中交际维转换是指译员在源语翻译的过程中关注汉语与英语交际意图的适应选择转换，译员除了要保证源语的信息和文化内涵向外传递外，更要注重交际现场的环境。语言维转换是译员在翻译的同时对语言形式中的适应选择转换，这种转换可以出现在翻译过程中的各个层面。文化维转化是译员在翻译时对双语言的文化内涵层面的关注与重视进行的传递与阐述。它关注的是源语与译语上语言文化的内在性质及表达形式上的差异性，可以避免"译语曲解源语"这一现象的产生。由此可见，三维转换能够帮助译员快速、高效、准确地进行双语言之间的翻译。

2.生态翻译理论的发展

生态翻译学是一种从生态学角度切入的翻译研究，是在翻译适应选择论的研究基础上发展起来的，或者说翻译适应选择论是生态翻译学发展初期的一项基础性理论研究。

胡庚申认为，"适应"与"选择"是译员的本能，是翻译过程的实质。译员不仅要适应翻译的生态环境，而且要以翻译生态环境的身份实施选择，译文便是其选择的结果。适应的目的是求存、生效、适应，适应的手段是优化选择，而选择的法则是"适者生存""汰弱留强"。在这一理论的指导下，对于翻译本体的理解一是翻译方法在语言维、交际维、文化维的转换，二是译员适应翻译的过程与译员选择的交替循环过程，三是翻译原则是多维度的选择性适应与适应性选择，四是译文评论标准主要取决于多维度转换程度、读者反馈、译员素质。因此，译员需要从"三维"着手，使译文能够实现多维转化，达到有效输出的目的。

生态翻译学经过了十几年的风雨历程，在不断的创新发展中取得了比较出色的成就，吸引了大部分翻译界专家及学者的关注。最近几年，关于生态翻译学理论研究和应用研究的文章及报道已经超过了上百篇，近几年的翻译研究成绩和效果呈逐年上升的趋势。虽然生态翻译学已经取得了一定的成果，但生态理论的研究空间依然较大，还需要继续深入。因此，对于生态翻译学，翻译家要做的事情还有很多。

正如胡庚申先生所说的，从整体看局部，从大方向出发，现阶段的生态翻译研究中的不足和弊端极为明显，主要可以分为以下四点：

（1）结构狭隘、单一化，缺少从多维度的角度去分析、解决问题。

（2）论点较分散且不专业，从生态角度来看待翻译研究的探索，至今为止没有系统的完整型论述，缺少针对性的专题研究。

（3）不成体系，研究虽然取得了一定成果，但没有从生态理论的角度出发，学术的影响力并不突出。

（4）"引而未发"，对于一些研究只是提出了策略方法，还没有具体的实施，也没有以生态学为基础对翻译活动做出具象化的分析与阐述。

此外，一些研究只是对表层进行了解，并没有进行深入的探索，而进行生态学研究必须将着手点放在生态环境背景以及引领时代发展的学术思潮中。综上所述，以生态学的角度对翻译学进行探讨研究的策略有待完善。

生态翻译理论以翻译适应选择论为基本哲学基础，以"译员为中心"为核心翻译理念，即翻译的过程是以译员为中心，侧重在翻译的过程中更注重方式方法及对翻译准确度的评判。翻译就是译员在对源语翻译时对生态环境的适应和翻译生态环境对译文的选择。上文也曾提到过，在翻译方法的层面上"适应选择论"可以以"三维转换"的形式体现，也就是说，译员在遵循"多维适应和适应性选择"的原则下，着重对三维转换进行选择。这个理论明确指出以译员思想为中心，从译员的角度，对翻译的本质、过程、标准、原则和方法以及翻译现象等做出解读，同时以生态学视角对翻译理论及翻译生态系统进行整合。这个理论更加强调译员的主观能动性，为翻译研究开辟了一个全新的领域。

21世纪初期，生态翻译学开始逐渐发展，直到2008年翻译专家们从生态学视角入手对翻译进行研究，促进生态学翻译研究全面展开。这一研究的实施对翻译活动有了全新的阐述，将翻译活动的历史背景逐步扩大，从多维度、多视角进行研究探索。这需要译员在翻译的过程中，善于运用生态学中的三维转换思考问题，同时也能突出译员的适应选择，将译员视为翻译中的主体地位。这对口译的发展有参考作用。综合来看，生态学翻译涉及的范围很广，由源语文本、目标译语、源语篇幅、文化语境和翻译群体综合构成。这个大环境是译员和目标翻译语所面临的现象。中国翻译工作者协会理事、上海大学英语系教授方梦之先生将生态环境定义为影响翻译主体生存和发展的一切外界条件的总和。学者所表述的主体，在这里分析来看是广义的，包括在翻译过程中的一切有生命的人，如原文作者、译员、广大读者、编辑人员、赞助商、出版商、营销商等。一些与翻译相关的环境，大的、小的、内在的和外在的都属于外界环境。口译作为翻译中的一部分，从生态翻译学角度来看，口译其实是译员的选择往复循环交替的过程。所以，口译有其独特的生态环境是口译的特殊性决定的。

中国传统文化博大精深，源远流长，文化作为人类历史文明的长期累积，对社会发展具有积极的作用。翻译是双语之间的一种相互转换，语言又是文化中的一部分，人类的发展又依附于大自然的自然生长。因此，可以说人类作为主导大自然的生命体，在长期的交际活动中自然而然地形成了一种文化，而语言则是文化传播的介质。因此，在交际中，生态口译具有极其重要的作用。中国古代先人用他们卓越的智慧引领着国家的发展，以人为本的主题思想、中庸大学的道德观念、天人合一的思想，以及从整体性出发去看待问题的观念，都蕴含着丰富的哲学道理。依据哲学方法的理念，翻译学专家找到了研究翻译活动的新思路、新视野，开辟了生态翻译学的新路径。结合近几年的发展来看，生态翻译学研究结合了分析例证和综合论证的方法，在过程中特别注重整体与部分的协调配合，在研究中格外注意运用社会学、文化学、翻译学、跨文化交际学、生态学、认知科学及符号学等多学科的理论研究成果，并结合跨学科的辩证分析，使科学论据更具有说服力。

生态翻译学理论以英国生物学家、进化论的奠基人达尔文先生提出的适者生存论为基础，并将适应于选择的学说引入生态翻译学的理论基础当中。实际上，翻译的整体过程是以译员为中心的适应与选择循环交替的过程。因此，译员需要具备丰富的知识储备，要有适应选择的能力。适应中包含选择，被称为"适应性选择"；选择中包含适应，被称为"选择性适应"。这里重点说明的是适应与选择对译员的重要性。

以译员为中心是翻译的核心，但生态翻译学认为翻译其实是以译员为中心的比较智力的、较为复杂的系统说明，这表明翻译的质量、译文的存在时间与译员的文化素养息息相关。翻译原则是指译员在翻译的过程中应该遵循的原则，译员在翻译生态环境的不同方面、不同层次上以多维度的观点看待问题，并做出适应性选择。

整体来说，生态翻译学的研究探索要从多维度、多视角的层面进行，生态翻译学的理论采用三维转换的方法，也就是说结合多维度适应和适应性选择的基本原理，使三维文化三者之间进行有规律的适应性选择转换，这对译员有着多维度的思维的考量，要求译员在翻译过程中要在源语与目标译语之间进行转换，同时要重视实现文化的转载和交际目的的传递。随后从多维转换程度、读者反馈以及译员素质"三个参考指标"中找出最佳翻译，最佳翻译就是在整个适应选择过程中的最优质翻译。

（二）生态理论视域下的口译发展概述

1.生态理论下的口译发展

口译是促进中外友好沟通和发展的关系枢纽，口译的应用十分广泛，在国际政治、经济、文化以及自然科学等领域中都发挥着至关重要的作用。翻译学家们越来越重视对口译的研究，因此，口译研究在翻译学家的探索基础上正逐步走向成熟完善，并取得了一定的成绩。口译模式的研究，对于译员在口译过程中的语言表达和整体发挥具有一定的指导性作用。口译模式的研究也就是对译员在口译过程中遇到的一些突发或特定的问题的原因和处理方法加以指导的研究。从整体性来看待口译研究的进程和发展，口译学研究目前已经出现了几种日渐成熟的口译研究模式。例如，功能目的论的研究模式、释意论的研究模式和认知处理的研究模式等，以上几种模式对源语文本的研究和话语篇互动研究等方面有着一定的推动性作用。

上述三种口译研究的模式遵循了文体学、语言学、认知心理学和跨文化交际学等专业的理论轨迹，这在很大程度上既拓展了口译研究的广度，也丰富了口译研究的学术论据。

"生态学"是一门研究生物体同其他外部环境之间相互关系的学科，以生态理论为基础的口译研究，也就是研究在整个口译过程中，语言、文化以及其他相关因素之间的联系和相互作用。最近几年，随着生态理论学逐渐发展，它被广泛地应用到不同类别的口译研究和实践当中。生态翻译学对翻译学的发展起到了至关重要的作用，为翻译学的实践探究做出了贡献，翻译界的广大学者也感受到了生态理论对口译研究发展的重要性。口译研究之所以能够在短时间内取得飞快地进步，离不开科学合理的口译模式，以及生态翻译学对翻译系统完整性的重视。因此，为保证口译能够顺利圆满地完成，译员必须关注语言环境，也要关注源语和译语之间的文化差异及认知等因素，从而满足现代生态口译模式和谐发展的要求。

口译是翻译学研究领域的重要环节。从生态学理论的角度出发，可以更好地诠释口译研究。这种方法既能够促进口译译员进行自我审查，也能对建立日趋完善的科学的口译训练模式起到推动性的作用。在发展的过程中，必须时刻明确口译研究是翻译研究中较为重要的组成部分，关注口译活动的双语言环境。译员作为语言传递的媒介，是口译活动中双方相互交流的纽带，联系着的文化、语言、语境等因素，构成了口译的生态环境。

从生态学角度出发来分析问题，译员需要对口译环境中的生态平衡做出调试，译员在适应和选择的过程中以"适者生存，优胜劣汰"的生态原则为基准。同样的，译员在口译过程中也体现了主体性的调节，在某种情况下还对口译环境进行了调整。口译译员在对目标译语进行翻译时，要通过对源语语言、语境以及文化等多方面信息进行分析、理解，丢掉源语的外衣，将其转换为译语，完成口译的任务。因此，口译生态圈的内部系统就是由口译的生产者、消费者、分解者以及口译非生物环境等构成。口译的生产者是口译工作的译员，译员在源语和译语转换、交流的过程对文化进行转化与传递；口译消费者是直接接收译语信息的人，也可以称之为翻译产品的消费者；口译分解者是对口译翻译进行二次修改再加工，为他人获取译语信息提供便利的人，也就是人们所说的口译研究者；口译非生物环境是指口译赖以生存和发展的语言系统，包含源语和译语的文化系统、知识、时间、物质、资金、信息等资源构成的口译支持系统。

口译环境复杂多变，这就要求译员自身要有超强的环境适应能力。源语和目标译语在实时翻译的过程中，对语速、语音、语调、语序等方面都没有判定的标准，这给译员的翻译工作带来了挑战。译员在翻译过程中既要适应语言环境，又要对双语言之间的关系进行协调，以保证口译的生态平衡，保证口译任务的完成，使双方在交流过程中从语言、文化、认识等方面对生态选择和适应的过程进行完善。完美和谐的口译生态环境的建设需要口译译员具有适应、创新甚至改变口译生态环境的潜在能力，形成这种能力需要依附于口译生态环境，也需要进行真实的生态环境模拟训练，提高译员的口译技能，完善口译译员对生态环境的了解，对口译生态和谐化效应做出贡献。

口译的发展逐步成熟完善，随着口译向职业化、市场化方向发展，口译的质量要想达到标准，一方面需要译员扎实地掌握双语言的知识，且有超强的记忆力和灵敏活跃的思维；另一方面，译员要培养自身的跨文化意识，增强对不同国家文化与异域文化差异的敏感度。只有明确了解本国文化和异域文化两者之间的必然联系，以及在不同生态环境下源语和目标译语所展现出来的具有世界文化内涵的语言，才能更好地增进不同种族文化之间的相互包容与理解，使信息通过语言进行的互联互动具有整体性意识，促进交际活动和谐顺利地进行。从另一个层面来分析，我们也可以借助市场管理、社会交际、信息传播等理论知识对口译职业化的发展进行有效的指导，以更高效、快速地促进口译的和谐发展。

中文和英文是两种不同的语言，它们蕴含了不同国家的历史、文化和价值，是跨文化、跨语言的交际活动，因此译员要想克服种种困难准确地输出信息是很难的。

基于胡庚申提出的生态翻译理论，译员在翻译活动中需要充分地考虑文化因素。在口译过程中，译员往往会先适应源语文化，如语言文化中的成语、谚语等包含文化元素的表达词汇，然后再选择相对的译语，并且保证语言的表达符合译语听众的思维习惯，实现整个口译的适应（选择）过程。

在口译过程中，译员必须充分地发挥主体意识和主导作用，通过接受源语信息并结合对源语语言、文化、语境等多元信息的认知，在脱离源语外壳基础上，将其转化为译语。

2.生态理论视域下的口译交际性

交际策略是由塞林克在阐述过渡语的形成过程时提出的，他认为交际策略是过渡语形成的重要因素之一，但他并没有对交际策略的内在、外在内容做出明确的限定。胡庚申先生在2004年提出译员应把选择转换的侧重点放在交际层面上，要深度重视源语文本的交际意图是否在译语中得以体现。适应和选择的过程从多维度的角度来看包括三方面内容，译员能否顺利地进行双语之间的信息传递和表现方式，还要对听众的语言表达能力和理解能力进行综合分析，也要脱离源语文本的语言表达形式。

从上段文字表述的内容来看，学生的语言输出过程包含计划和实施两个阶段。计划阶段主要由交际目标、计划过程、计划本身构成；实施阶段由计划、实施过程和语言产出构成。交际策略产生在计划阶段。

口译学生在初期不能很好地掌握原始的交际策略或方法而遇到困难或障碍时，一般情况下会有两种选择：一种是结合使用简化策略，这种简化策略以形式简化和功能简化相结合来对原始的交际目标进行调整；另一种是通过采取输出策略设法解决，其中包括补偿策略和检索策略。

口译翻译中的"合作"，是指说话人和译员之间的相互"合作"。在说话人说出一个短语的同时，译员需要快速地将该短语翻译出来，与此同时，认真听取下一个短语所表达的意思，当说话人在进行第三个短语发言时，对译员的要求就更加高了，译员不仅需要将第一个短语译出并且直接封存在记忆中，还需要将第二个短语翻译出来，并仔细听第三个短语词汇，通过信息传递的过程，重复上述几个步骤。因此，发言人在发言过程中有意识地暂停，会减轻译员现场翻译的压力，使其轻松地完成任务。综合以上几点，译员对说话人的语言进行理解和对目标译语的表达，能够对整个流程进行更好的完善，其中每一个环节都不可以有任何纰漏，一旦出现差错，就会造成失误。实际上，口译对译员的要求是非常苛刻的，译员必须具有较强的对双语的理解和表达、文化背景、现场处理等能力，这些能力是决定译员整体素养的因素。在口译活动中，大家对说话人的话关注度并不高，对译员还原源语的比例也并不重视，在整个交际过程中，好像说话人并不是整个口译环节中的一部分，被排除在外。说话人和译员之间的"合作"，就是为了解决说话人与口译过程脱轨的问题，强调说话人的语言规范，同时也是对译员源语理解的一个检验。

这种说话人和译员之间相互"合作"的具体表现主要分为以下几个方面：

（1）口译活动开始前，说话人应该事先将活动现场上需要演讲的主题和内容、所表述的目的都告诉译员，并告诉译员哪些相关的专业词汇需要进行标注和理解。

（2）双语文化差异明显，为保证口译顺利进行，译员需要提前对肢体语言差异进行提前了解。

（3）说话人和译者可以对两国之间的传统民俗习惯、时间差异等进行沟通。

（4）译员应了解文明礼仪规范。

（5）说话人要有耐心的解答，尽可能避免现场失误。

（6）事先对译员的理解能力和记忆能力都有所了解，发言时将语速放慢，尽可能地照顾译员的速度，在段落、语句停顿时更多地关注听众的反应，来进行现场互动，而不是将重心放在译员身上，以免给译员造成压力，使其出现紧张情绪；

（7）说话人活动前花一些时间学习对方国家的打招呼方式，以示尊重和礼貌，在演讲的过程中避免话语粗俗，尽可能地少说或不说方言。

（8）在演讲活动结束前，对整场活动所表述的重点和要点进行再次复述，以及对可能存在歧义的词语加以解释。

交际策略是双语研究的一个重点概念，对口译活动的研究和发展具有指导性的意义。虽然有所依照和参考，但也不能完全照搬，要有一定的战略性上的创新理解，不可以直接将较为普遍运用的交际策略和口译策略两者进行同等概念的比较。虽然在某种程度上，两者之间的共通性很明显，但是一般情况下的双语交际过程只会涉及交际双方，使用单一的语言，单位信息的传递和表现形式都是编码说明，换句话来讲，也就是解码的单向过程。口译也是一种交际行为，其中必然会涉及两种语言以及单位信息的接收和传递，而单位信息接收和传递的过程就是"编码——解码——再编码——再解码"的过程。

从另一个角度来看待口译，口译作为跨国家、跨文化的一种国际交际，译员普遍将译语作为适应现场语境的过渡语，译员在现场进行翻译的过程中为了保证不出现失误，要具有控制过渡语的能力，即译员要对整体口译效果进行系统性考虑，并且主动采取相应的解决措施。例如，在交际现场有一些敏感词汇和不便直接表述的话题时，译员可以对此类话题回避不译，这并不是一种不好的解决策略，相反的，这是一种积极正面的解决策略。可见，理论知识的系统性运用对口译研究的发展具有推动性的意义。

在交际策略的系统性及相关理论研究方面，国内已有学者进行了此类研究，不论是在交传还是同传方面都有一定的体现。例如，鲍刚、刘和平、蔡小红等根据二语习得交际策略研究与口译的相关联系，将交际策略作为译员翻译能力的重要体现，用以实现具体的交际目标，完成特定的交际任务。这对于复杂系统下的现场口译无疑具有重要启示。在口译系统中，现场语境信息的交际作用毋庸置疑。在现场口译中源语说话人与译语听众构成了口译交际系统的开始和结束，由此可见，口译首先要连接说话人与听众，即要求源语文化与译语文化的结合，搭建起交际的纽带和桥梁。口译的系统性重在实现交际目标，其次才是交际信息的转换。口译是双语之间的循环往复的交际语言，译员是口译活动的主体。因此，口译的整体性系统不仅受译员基础的语言词汇功底的影响，而且译员的语感、语境、心理活动等会对口译的整体性造成影响。在对源语进行翻译的时候，译员还需要发挥主观能动性，适时、恰当地使用语言交际中的策略和相应的技巧，高效地完成口译活动。

　　作为交际双方的桥梁，译员应在口译过程中自觉地利用各种方式寻找话语和语境之间的最佳关联，也就是找到话语同语境假设的最佳关联，通过推理推断出语境内涵，最终取得语境效果。再把这种关联性的推理传递给译语接受者，从而实现交际双方顺利的理解和沟通，实现口译交际效果的最大化。

　　近年来，中国生态口译教学研究与实践发展迅速。蔡小红进行了口译互动式教学模式绩效的研究。张吉良、柴明颎从国外口译专业概况得到了启示，建议采取措施来保障口译专业人才培养的质量。陈振东生态口译理论化的研究发展十分迅速，如今已被逐步引入教学课堂。有相关专家研究表明，应让学生真正地参与课堂，注重动手实践，形成培养技能操作的高效课堂模式。上海外国语大学高级翻译学院口译研究博士张吉良等口译学术研究者认为，巴黎三大高等翻译学校的口译教学模式在我国并不能很好地适用于课堂教学，口译教学需要适应市场需求，口译教学应结合专业评估、课程安排、针对不同层次的学生进行专项培养。因此，口译生态教学的研究至关重要，在国内口译生态化教学语境下，我国高校口译课堂应该做到课堂教学在以语言技能训练为基底的情况下，增加学生跨学科的知识储备及培养学生的语言交际能力。由于口译专业的需要和市场经济发展的需求，有必要将口译训练真正融入口译市场。

二、生态口译理论应用策略

　　口译作为一种社交性很强的交际活动，具有很强的实践性。在口译的过程中，译员处于核心地位，但这并不意味着译员可以随心所欲地选择，相反，译员在口译过程中需要与其所处的口译生态环境构成一个有机的整体，彼此之间动态地进行适应与选择。由于汉英两种语言所承载的文化内涵有所区别，所以在口译时也会有所差异。从生态翻译学的视角来看，口译是指译员为适应口译生态环境而进行的多维度适应与选择活动，是译员对口译生态环境的适应（选择）并输出译语的过程。其中，口译生态环境指源语、译员和译语所呈现的社交语境，即语言、文化社会、交际以及由说话人、译语、口译员、听者、旁观者等构成的生态环境。生态翻译学指导的口译研究模式遵循着口译生态学理论，强调口译过程的整体性，目的在于创建和谐共生、动态有序的口译模式，从而使口译活动与自然界和人类活动达到和谐统一的境界，更好地完成口译输出任务。

（一）生态翻译学指导下的口译策略

生态翻译学的基础理论将翻译方法简单概括为"三维转换"，即在多维度适应与选择的原则下，相对侧重于语言维、文化维和交际维三方面的适应性选择转换。其中文化负载词的口译实践较能体现三维转换策略，文化负载词的生态口译是指从生态翻译学视角探讨其相关翻译活动。口译员在翻译文化负载词时，应立足于本国文化特点，分析文化背景，分析其所受时间、空间及特点语境的制约因素，采用多种翻译技巧，注重译文的实用性和交际性，并在口译过程中做好这三方面的适应性转换，使译文能够实现其交际目的，最终取得比较理想的翻译效果。

1.语言维的适应与选择

译员需要随时做出必要的调整，把源语的信息用译语的独特结构表现出来。从语言结构来说，汉语重意合，而英语重形合；汉语多依靠句子之间的语意衔接，而英语多用连接词将句子各成分连接起来；汉语多用主动句，而英语多用被动句；汉语多用成语或排比句，而英语不讲究对偶。

因此，考虑到文化负载词自身的地域性，译员在翻译过程中应充分考虑翻译效果，不能根据字面意思逐字逐句地机械翻译，而应该在语法结构和用词方面做相应的语用调整和转换，从而使其更加自然并贴近原文，使听者充分领会其中的内涵。

源语：恐怕是要眼观六路、耳听八方、胸怀大局、处置得当。

译语：Seems that we should be receptive to all sources of information and knowledge and always keep the big picture in mind.

评析：源语中的四个成语"眼观六路、耳听八方、胸怀大局、处置得当"都属于具有中华民族特色的文化负载词，对于此类词语的翻译，译员避繁就简，只需用简洁的语言传达出四字格的整体内涵，翻译出意义群即可，而无需对文化词进行逐个翻译。因此，从语言维层面来讲，译员不必增加重复的信息，而是要领会语言所要表达的准确意思，做到既快速又简明易懂，实现双方的顺利沟通。

2.文化维的适应与选择

源语和译语的文化环境不同，来自不同文化环境的人在文化上必然存在差异，如在很多中国人看来习以为常的概念，对于不熟悉汉语的外国人而言往往不知所云。文化维的适应与选择需注重双语文化内涵的传递与解释，译员在进行传递的过程中，不仅要将源语的文化背景准确恰当地表达出来，还要适应译语背后的整个文化系统。因此，译员要注意克服由于文化差异造成的障碍，以保证信息交流的顺利实现。

源语：亦余心之所善兮，虽九死其犹未悔。

译语：For the ideal that I hold dear to my heart，I would not regret a thousand times to die.

这句话出自屈原的《离骚》，意思是"为实现我心中美好的理想，即使死九次我也绝不后悔"。其中"九死"并不是说"死九次"，而是用"九"来表达数量很多，但在外国文化中却并没有这种说法。因此，用"a thousand times to die"来翻译"九死"，较好地实现了文化内涵的传递与解释，实现了信息的沟通。

3.交际维的适应与选择

交际意图能否完整实现，取决于译语的整体效果，也就是听者能否听懂和接受说话人所讲的内容。交际维所要表达的意图主要由文化维和语言维的转换来体现，口译的最终目的就是希望听众能够完全理解说话人的意图，使源语达到预期目标。

源语：相传三国时期，吴淞江的北岸就建起了一座寺院，后易名为静安寺。

译语：Legend has it that during the Three Kingdoms Period，a temple was built on the north bank of Wusong River，and it later adopted its present name of Jing'an Sior Jing'an Temple. The temple had existed more than 1 300 years prior to the birth of William Shakespeare.

此处译例中，译员不仅保留了中国文化，而且针对英美听众对中国文化历史知之不多的现实情况进行了加译，使听众了解了静安寺的悠久历史。这里后加的一句"The temple had existed more than 1 3oo years prior to the birth of William Shakespeare."可谓点睛之笔，如果没有这句解释，听众会听得云里雾里，不知道"三国"究竟是什么，对静安寺的悠久历史也无从知晓。由此可见，译员的解释就是为了实现更好的交际效果，从交际维出发做出的口译策略选择，交际效果十分理想。

此外，译员在翻译一些表示中国特色的词语时，也要尽可能地让译语接受者接受并明白源语所要表达的意思，达到交际的目的。

源语："三严三实"指既要做到严以修身、严以用权、严于律己；又要做到谋事要实、创业要实、做人要实。

译语：Three Stricts and Three Steadies（Be strict in cultivating one's moral character，preventing abuse of power and disciplining oneself； Be steady in planning matters，starting undertakings and conducting oneself）。

习近平同志于2014年3月提出了"严以修身、严以用权、严以律己，谋事要实、创业要实、做人要实"的重要论述，被称为"三严三实"讲话。根据媒体的解释，"三严"（严以修身、严以用权、严以律己）中"严"的含义比较明确，主要是指"严格"之意：严以修身，是指在党性修养和理想信念问题上要严格，要树立正确的世界观、人生观、价值观；严以用权，是指要严格按规章制度办事，不搞特权；严以律己，就是要对自己有严格的要求，自觉远离低级趣味，自觉抵制歪风邪气。因此，"三严"中的"严"英语可译为strict。

根据相关媒体的表述，"三实"主要是指谋事要实、创业要实、做人要实这三个方面，对于"实"字的理解，层次多且意义广泛，其中包含"诚实、踏实、务实"三个层面的主要意义：谋事要实，一切从客观实际出发，遵循规律、以科学精神为依据、贴合实际、不好高骛远、不盲目攀比；创业要实，具体讲要踏实肯干、脚踏实地、勇于担当、善于发现并解决问题；做人要实，是说要做个本分的老实人、说老实话、办老实事，真正意义上的做到对党、对人民、对国家都始终以诚相待。所以，在译语翻译中steady应该比honest和earnest更符合"三实"中"实"所表述的意义。

在口译交际活动现场，语言维、文化维和交际维之间没有明确的区分界线，而且这三种维度之间是相辅相成、互相作用的，不可以完全拆分出来区别看待。源语文本在举例说明时只用到其中一个维度来表述，但也可以从另外两个维度的层面去分析，一个示例中出现多种维度的现象也属正常，但这三种维度之间各具特色，聚焦点也不尽相同，因此，译员在口译交际活动中，要学会多层次、多维度地思考问题。在口译中，通过三维转换的角度来适应选择，有利于不同文化之间的相互交流、相互沟通，从而共同维护口译生态系统的平衡性发展。

（二）口译过程的文化维策略研究

1.口译文化维策略

随着以口译职业为基础的服务类行业逐步职业化和市场化，口译的服务质量已成为人们关注的焦点。要想高质量地完成口译工作，不仅需要译员有良好的双语知识基础、卓越敏捷的思维以及过人的记忆力，还需要译员为自己"续备电量"，增强对其他民族或国家文化差异的理解。理解国家间的文化差异，不仅要充分了解本国文化和其他国家文化之间存在的必然联系，还要了解在不同生态环境下源语和译语交流中所呈现出的世界性的文化内涵，从而促进源语文化和译语文化之间的沟通和理解。为达到语言交际活动在不同的生态环境和文化背景之下和谐、顺利进行的目的，可以广泛应用互联网技术，也可以结合社会交际学、市场管理学及信息传播学等学科的方式方法来推动口译的正常发展。

翻译是跨文化、跨语言的交际活动，译员要克服种种困难来达到相对准确的翻译是非常困难的。中文和英文是两个不同的语言，它们蕴含的历史文化和价值也不同，因此将两种语言完全对等的翻译出来是非常难的。就胡庚申教授提出的生态翻译理论而言，文化因素将成为译员在翻译活动中需要优先考虑的范畴。

双语之间的相互转换是对译员语言技巧、知识储备、随机应变能力等多维度层面的考察。文化维的适应与选择转换就要求译员在翻译过程中关注双语文化内涵的阐释。正是因为源语与译语之间存在着不同的文化背景和文化环境，怎样将源语文化的内涵进行精准无误的传递，保证文化生态的和谐，是译员在口译过程中一项较为重要的任务。

源语：实现全面建成小康社会、建成富强民主文明和谐的社会主义现代化国家的奋斗目标，实现中华民族伟大复兴的中国梦，就是要实现国家富强、民族振兴、人民幸福。（节选自2013年3月17日习近平同志在十二届全国人大一次会议闭幕式上的讲话）

译语：To achieve a comprehensively well-off society，to build a prosperous，strong，democratic，civilized and harmonious modern socialist country and to attain the Chinese dream of the great renaissance of the Chinese nation is to achieve prosperity，revitalize the nation，and bring about the happiness of the people.

　　"中国梦"是2012年11月29日习近平同志首次提出的，在国内外已经成为一个热词。此处译语将"中国梦"翻译成the Chinese dream体现了口译的文化维策略。China是国家概念，Chinese是民族概念。"中国梦"的经典定义是"民族振兴"和"伟大民族的复兴"，是攸关普天之下所有炎黄子孙的功业，包括海内外的所有华人。因此，只有the Chinese dream才能准确表达出其文化核心意思。

　　另外，"中国梦"的翻译是根据"美国梦"的翻译来处理的。"美国梦"的英文为the American Dream。the Chinese Dream与the American Dream的翻译能够对应起来，使两者的表达平行。这种翻译方式符合源语信息的有效输出，体现了文化维的翻译策略。

　　源语：对待不同文明，我们需要比天空更宽阔的胸怀。（节选自2014年3月27日习近平同志在巴黎联合国教科文组织总部发表的演讲）

　　译语：Indeed，we need a mind that is broader than the sky as we approach different civilization.

　　中国传统文化中常说"胸怀""胸襟"是指容人之量，但在英语国家中，很少用chest，breast等词来表达容人之量。这里译员选择了与中文"胸怀"意思对等的概念mind与broader搭配，非常适合跨文化转换的信息传递，使译语意思更加明确、行文更加流畅。

　　源语：但是，茶和酒并不是不可兼容的，既可以酒逢知己千杯少，也可以品茶品味品人生。（摘自2014年4月1日习近平同志在布鲁日欧洲学院的演讲）

　　译语：When good friend get together，they may want to drink to their heart's content to show their friendship. They may also choose to sit down quietly and drink tea while chatting about their lives.

　　在我国古代的传统文化中，先人前辈们将酒看作为一件比较神奇的物品，不单是潦倒、困惑、失意时借酒浇愁，以盼忘记烦恼，也可以当作美酒佳肴以待人接客、与好友共享。到现代，人们在喝酒时常说的一句俗语就是"感情深、一口闷"，酒能够增进相互之间的友谊。但在欧洲国家的饮食文化中，人们不会强行劝酒，全凭自愿，喝与不喝与朋友的友谊没有任何关系。很显然，在酒文化中，两种语言文化所处的生态环境不同，在翻译过程中，译者需要强调译语的生态文化内容，因为只翻译字面意思，源语中的引申含义无法被听众更好地理解。

源语：我们将坚定不移地贯彻"一国两制""港人治港""澳人治澳"的高度自治方针，严格依照宪法和基本法办事。（节选自2015年3月5日李克强同志在十二届全国人大三次会议上的《政府工作报告》）

译语：We will steadfastly carry out the principles of "one country, two systems", the people of Hong Kong governing Hong Kong, the people of Macao governing Macao, and both regions enjoying a high degree of autonomy, and we will strictly comply with the Constitution and the basic laws of these two regions.

我们不难看出，源语中有很多具有中国特色的词语，但外国人对这些完全陌生，英文译语通过直译将这些具有中国特色的词语的含义表达出来，使得外国人能够理解源语文化维内涵。

源语：……具有三城五优的显著特点，成为中外朋友投资的理想宝地。

译语：With a reputation of being a famous city in terms of culture, tourism, industry and featuring superior characteristics in environment, resources, policy, service and benefit, this city has become an ideal promising land for investors, domestic as well as international.

如果将"三城五优"直译出来，外国人一定听不懂。因此，译员应结合具体的语境，对这个词语进行解释，使听众能够了解源语中的文化。

由此可见，在生态翻译理论下进行口译研究还有很大的发展空间，值得我们对此继续研究。

2.生态理论视城下的口译文化维策略应用分析

源语环境和译语环境属于两个不同的文化环境，来自不同国家的人必然存在文化上的差异，文化因素是译员在翻译过程中不能忽视的一个因素，译员必须要关注两种语言文化内涵的传递与解释。东西方文化存在着较大的差异，从价值观、社会习俗到社会关系都有所不同。根据生态翻译学中的适应选择论，译员在进行文化信息的传递与转换时应考虑听众的接收程度。在具体的口译过程中，译员可以采取如下策略。

（1）类比法

英汉两种语言中有些表达形同意合，即汉语中的表达在英语中有类似的表达，在这种生态环境下，译员就可以用类比法来进行翻译。

源语：这是一个梁山伯与祝英台式的爱情悲剧。

译语：This is a tragic love story，just like Romeo and Juliet.

"梁山伯与祝英台"是中国传统文化中爱情悲剧的典范，但是西方人对此并不熟悉。但是在西方文化中有类似的表达，那就是莎士比亚著名的爱情悲剧——《罗密欧与朱丽叶》（Rmeo and Juliet）的故事。将类似的二者进行比较，将源语中陌生的事物用译语听众熟悉的事物表达出来，则可以对译语听众产生积极的影响，体现了口译文化维的转换效果。

（2）解释法

口译是双语文化传播的媒介，不同民族的历史反映着不同的民俗文化，同样，文化传统不同，与之相对的文化知识背景也就存在差异。不同种族之间的文化差异体现在对源语进行翻译时，不能全面掌握源语中的文化负载词如何表达，这种情况就需要译员运用生态环境的解释法来对其进行翻译，运用直译或是音译的方法将源语译出，并做出解释。在翻译的过程中，对相关知识的来源进行补充说明，有利于接收译语信息者更好地了解到源语的有关历史文化及背景。下面将以内蒙古旅游景点导游口译为例来具体分析文化维在口译信息转换中所起的作用。

源语：同时，还会向您献上"哈达"，敬上美酒。

译语：As a way of showing respect to his distinguished guest，your host will present you with a "Hada" （a piece of silk used as a greeting gift） together with a glass of local wine.

向客人献哈达是内蒙古的传统礼节，表示对客人的欢迎和尊重。对于"哈达"的翻译有不同的版本，如果直接将其音译为Hada并不能传递出其中的文化意蕴，听众也不能理解这个专有名词的概念，因此译员必须对Hada进行解释，即通过加注"a piece of silk used as a greeting gift"将信息补充完整。同时在译语中增加"As a way of showing respect to his distinguished guest"这样的附加解释性的话语，可以使听众更直观地理解其中的文化意义，达到口译文化维的信息传递效果。

（3）意译法

由于历史发展背景不同，不同种族之间的文化必然存在差异性。正是因为英汉文化存在不同，源语文本中的一些代表性的词语在译语中不能对应地表达出来，这时候译员如果选用解释法进行翻译，会使听众对其所表述的内容不明所以，译员应选择合适的策略，用意译法翻译，即将源语想要表述的语言文化和艺术文化直接地表达出来，这样不仅能将源语的意思表述清楚，而且能使译语的表达更加通俗易懂。

源语：根据《史记·匈奴列传》记载，早在唐尧、虞舜时，匈奴人的祖先就居住在"北地"。

译语：According to the historical records of the Huns, an ancient ethnic group, their ancestors lived in the Northland long ago.

上述中文源语中涉及中国上古时期尧舜禹的历史文化知识，这种形式的传统历史文化对于中国人来说并不难理解，但若翻译成英语文本，译语的信息接收者很难了解源语所要表达的含义。而且对于《史记》、尧舜禹、匈奴这些带有中国特色的文化负载词，笼统地解释起来比较难懂。在这种存在历史专业名词的口译环境中，译员要做出适应选择，用意译法对这些词汇进行解释说明，用historical records代替史记，用long ago代替唐尧、虞舜时代。由于源语文本并不是对《史记》进行阐述，而是借助其历史文化背景来强调蒙古包的创始人——匈奴人出现的年代，以此表明蒙古包历史悠久的时代文化背景，运用意译法处理的手段来对源语文化想要表述的内容加以解释说明更为合适。

源语：手扒肉是把洗净的全羊切成几大块放在清水里煮，开上两滚，离火起锅，持蒙古刀，边割边吃。

译语：The lamb is first cut into big slices and then put into boiling water to cook. When it is half done, you cut it into smaller pieces with the Mongolian knife and eat it.

这段中文源语讲的是吃手扒肉的大概过程，如果将源语中"开上两滚"直译成boil twice，那么就会导致译语与源语想要表述的内容有差异，而且译语接收者也不能理解源语中蒙古族吃肉的习惯是不煮到熟透的程度的意思。这需要译员结合生态环境做出适应选择，将源语通过意译的手法处理成it is half done，使用适用于译语接收者的逻辑性转换思维高效地表达出源语所蕴含的义化底蕴。

（三）口译交际维策略研究

1.口译过程的交际维策略

由于中西方的思维方式的不同，形成了不同的语言表达方式。汉语句子重意合，依赖于对语境、语义关系的理解，主要根据逻辑和时间顺序，呈线性表达。而英语句子偏重形式，靠形态或形式来衔接各种要素之间的关系，形成立体构建。因此，译员在选择翻译策略时应以语言结构为重要选择标准，以达到最佳适应与选择效果。在《坚定不移沿着中国特色社会主义道路前进，为全面建成小康社会而奋斗》（简称《十八大报告》）中，译员多次在翻译过程中对文化形式的适应性选择转换，使得翻译达到了不同凡响的效果。以下例子就运用了生态翻译理论中的交际维策略。

源语：……加强对"一府两院"的监督……

译语：…in stepping up their oversight of people's governments，courts and procuratorates…

源语：开展"扫黄打非"，抵制低俗现象。

译语：The income of urban residents has increased substantially and basic public services have improved markedly.

由于中西方文化底蕴不同，若将"一府两院"翻译为one house and two chambers，很难准确地表达出其真实含义，译员在这里使用了增译的手法，展示了该词语的内在含义，既实现了精准无误的翻译，又能让西方听众理解。

源语中的"扫黄打非"属于执法活动，属于文化市场管理范围的专业术语。如果仅仅按照字面意思做出翻译，会影响译语接受者的正确理解。因此，译员在此处采用了意译处理法将其具体化为"crack down on pornography and illegal publications"，即打击色情和非法出版物，将源语中隐含的内容表达完整，从而达到不同文化交际的目的。

源语：城乡居民收入显著提高，基本公共服务水平明显改善。

译语：The income of urban residents has increased substantially and basic public services have improved markedly.

上述中文源语中，主要是讲由于无论城镇居民还是乡村居民的平均经济收入水平都有提高，进而提高了公共服务水平，因此，译员将"基本公共服务水平"直接翻译成basic public services，而不是运用复杂的手法改译为the basic public service level。如果译员以第一种形式向译语接收者传递信息，将"水平"一词做出标记翻译的意义不大。还有一点是，译语接收者会从level看出明显的等级观念，从而对中国的基本公共服务的理解产生偏差，但是中文源语中没有词汇想要表达阶级层次的意义，只是对基本公共服务水平进行阐述，所以在此处细节的处理上，译员运用了省略翻译将信息进行了完整传递。

源语：坚持为人民服务、为社会主义服务的方向，坚持百花齐放、百家争鸣的方针……

译语：We should adhere to the goal of serving the people and socialism, the policy of having a hundred flowers bloom and a hundred schools of thought contend…

在党的《十八大报告》中，常有一些特殊提法，如本句中的"百花齐放、百家争鸣"。此类简洁四字词汇的表达方式是中国特色的文化表达，其目的是为了使报告通顺流畅，增加报告的政治宣讲力度。在翻译此类词汇时，译员要将词语隐含的信息表达给译语接受者。此处译员使用了解释性翻译"having a hundred flowers bloom and a hundred schools of thought contend"来表达"百花齐放、百家争鸣"蕴含的意思，只有这样才能展现出四字句式的源语表达效果，使译语接受者更加准确地获取信息，从而更好地达到交际的目的。

源语：解决好农业农村农民问题是全党工作重中之重……

译语：Resolving issues relating to agriculture, rural areas and farmers is the number one priority in the Party's work…

译员没有将源语中的"农民"一词译为peasant，而是译为farmers，这是因为peasant一词在西方文化中是指生活在贫穷的国家从事农业劳动的社会底层群体，他们没有受过良好的教育且收入低，而farmers一词则指从事农业劳动、从事农场种植的人。中国农民与其他社会阶层的人一样享受着同样的社会地位和受教育的机会，因此将农民翻译成farmers可以使源语的交际意图在译语中得以很好的体现。

作为一项具有跨学科性质的研究，生态翻译为口译模式的研究提供了新的理论基础，实现了生态翻译学本身的文化传播与交际意义。生态口译模式涉及的因素很多，要求译员适应口译生态环境，不断进行语言维、交际维和文化维多维转化。翻译过程中译员还应关注双语文化意图的适应性选择转换，使译语接受者能最大限度地领会到源语所传递的信息，达到有效交际的目的。

2.口译交际维策略应用分析

口译是人类思想交流所借助的一种媒介，口译专家钟述孔先生的论述表明，口译并不单单讲述语言行为的意义，它是涉及了多维度、多层次、多知识层面的一种跨文化的交际行为，译员在进行口译活动的过程中要善于运用战略技巧，以保证活动能够正常进行。仲伟合先生也曾经表述过，在口译活动过程中，译员在运用适应选择策略和技巧方法解决翻译中的困难或问题时，可以使用询问或推理等技巧，在信息传达的过程中利用重组、解释说明等方法来更好地解决问题。整体来说，其实口译是通过听识、分析和理解源语的本质信息，并在此基础上转换为目标译语，来达到语言交际的目的。

译员在交际活动现场要实时关注场内的情况，尽可能地保证活动如期正常地进行。如果出现说话人对听众不了解、听众对源语所表述的文化历史背景听不明白等现象时，译员要对目标译语的表达形式进行调整，达到交际的最终目的。我们通过以下几个示例进行详细说明。

源语：不管前面是地雷还是万丈深渊，我都将勇往直前，义无反顾，鞠躬尽瘁，死而后已。

译语：No matter what is waiting for me in front，being a landmine or an abyss，I would blaze my trail and I have no hesitation and no misgivings，and I will do all my best and contribute，devote all myself to the people and the country until the last day of my life.

"勇往直前"在字典上的解释是advance bravely，"义无反顾"在字典上的解释是be duty-bound not to turn back，"鞠躬尽瘁，死而后已"在字典上的解释是give one's all till one's heart stops beating.中文源语中提到了几个积极向上、宏伟磅礴的成语，译员在用译语进行翻译时，如果为了翻译而翻译，将几个成语直接结合在一起，虽然表述了原本的意思，但缺少了语感、语境，更少了说话人想要表明的雄心壮志和坚定意志，完全改变了源语的思想。但译员张璐女士对这段中文源语的处理就很优秀，不仅保留了源语的语境，而且容易被听众理解，是口译活动中的经典。

源语：华山再高，顶有过路。

译语：No matter how high the mountain is，one can always ascend to its top.

译员将"华山再高，顶有过路"译为"No matter how high the mountain is，one can always ascend to its top."既省去了"华山"这个地理概念，又清楚地表达了说话人的意图。

源语：亦余心之所向兮，虽九死犹未悔。

译语：For the ideal that I hold dear to my heart，I'd not regret a thousand times to die.

此句出自屈原的《离骚》，译员将"亦余心之所向兮，虽九死其犹未悔"译为："For the ideal that hold dear to my heart I'd not regret a thousand times to die.""九死"的意思是很多次，中文里也有"九死一生"这个成语，因此将"九死"翻译成a thousand times，虽然数值上相差了很多，但是意思表达很准确，也符合西方人的语言习惯。如果直接将"九死"翻译成the nine death，则无法贴切地表达出说话人的决心，不能达到口译交际维的目的。

源语：兄弟虽有小忿，不废懿亲。

译语：Differences between brothers can not sever their bloodties.

"小忿"在中文中有愤恨的意思，而在英文中对应的词语是hate或者angry，但是这句话想表达的意思更确切的是"摩擦"或者"争执"，而不是"愤恨""愤怒"，译者用differences（分歧）一词而不是用angry等表示愤怒的词，显得非常智慧。译语表达了兄弟之间虽有分歧但仍无法割断他们的血脉亲情的意蕴，从而达到了源语与译语有效交际的目的。

源语：知我罪我，其惟春秋。

译语：There are people who will appreciate what I have done but there are also people who will criticize me，ultimately，history will have the final say.

而在引用"知我罪我，其惟春秋"来表达一名为国呕心沥血服务的政府官员的情感和心声的时候，译者通过解释性信息将源语译为："There are people who will appreciate what I have done but there are also people who will criticize me，ultimately，history will have the final say."该句语出《孟子·滕文公下》，说话人引用该句意指他为国家和人民倾注了全部的热情、心血和精力，虽然后人对于他任职期间所做的工作可能会有不同的看法，但他敢于面对人民、面对历史。现场译员根据上下文的语境淡化了源语中"春秋"所表达的文化意象，结合外国听众的理解能力等具体情况，译员采取解释性翻译方式，从而使译语交际整体更加流畅、和谐。

这几个实例都体现了译员的翻译主体性以及译员在交际维上的适应性选择，译员需根据听众的身份、说话人的身份、听众的知识面和程度等现场因素处理译语，以达到最好的交际效果。生态口译交际维的适应性选择还要适应翻译的语境，更好地表达说话人的交际意图，既"忠实"于源语，又"适"情"应"景，有效达到口译交际的目的，生态口译交际策略的研究是一项对解决口译现场的问题、提高口译效率行之有效的对策研究。

第五章　跨文化交际与口译

第一节　跨文化交际对口译的影响

一、口译与跨文化交际

口译是为了互换信息，通过口说的形式将一种语言快速而准确地转换为另一种语言的交际行为。总的来说，口译是在一定时间内从源语言中提取要表达的精髓，再用目标语表达的口、脑并用的过程。

（一）跨文化交际学在翻译中运用

鉴于跨文化交际学中"文化"的凸显性，这门学科适时地被引入到翻译策略研究中，因为从本质上来看，翻译总是运行于译者的主观世界与外部世界交互的界面，具有第三空间的特性，关涉社会、认知、文化和语言过程，是诸多过程以错综复杂的方式相互作用的产物，所以翻译是一种特殊的，文艺的，实践性很强的跨文化交际活动。由于在国内，跨文化交际在高校的学科教育中被划到了语言学下的范畴，对不同文化中的交际规则进行跨文化对比。在此基础上，进一步探索跨文化交际学理论应用于翻译过程的可行性，从而更深刻地揭示翻译的原理与技巧。

（二）跨文化交际理论对口译的重要性

跨文化交际对口译的重要性可以从三个方面体现。首先，就翻译理论研究本身而言，往往只注重笔译理论研究而不注重口译研究，尤其不注重译员口译过程中具体问题的研究。原因有两点：一是笔译因其相对固定的文本形式，成型可随时获取的记录方式，可以更为方便地成为研究资料。所以翻看国内的许多文献刊物，对笔译中的"文化研究"占绝大部分，而口译中的"文化研究"少之又少，甚至有的刊物直接将笔译研究引入到口译理论中，这种做法实在是草率。二是读者或者听者对"口译"质量的认定较为宽容，不像对待笔译成果那样苛刻。

其次，正是因为口译作为一种动态的，及时的语言活动，所以它更应该受到跨文化交际理论的重视。在现代国际学术界中，我们更倾向于把Inter-Cultural Center（简称ICC）作为跨文化交际的名称，因为ICC是一种动态的研究，注重跨文化交际中双方相互文化适应和文化身份的调节，着眼于跨文化交际中交际问题的解决。而口译正是具有这种实时性、实践性、动态性。而且相较于笔译，口译更是在短时间内被放置在一个强烈的语境中，社会语言行为、文化模式、价值概念、表达方式都被浓缩在这个语境中，需要不断地及时地解码和编码。这就是赖于跨文化意识的参与。

最后，在口译实践过程中，译员的失误时有发生。即便是在许多正式的场合，很多专业水准高的译员也是失误频频。我们一般认为译员在两种语言层面的技能是基本没有问题的，那为何会仍然在词句层面出现失误呢？长句的失误一般应该是口头语言习惯的问题。而词语方面，则可以归咎于跨文化交际意识的淡薄。

二、口译——跨文化交际的桥梁

交际是一个编码和译码的过程，编码是一个把思想、感情、意念等编成语码的过程，而译码则是一个对从外界接受的符号和信息赋予意义和进行解释的过程。"有效的沟通只有在发出信息的人和接受信息的人共享统一或相近的语码系统的情况下才能实现，也就是说交际双方使用同一种语言说话。"如果交际双方不是使用同一种语言说话，有着不同的文化背景，那么他们之间的交际就是跨文化交际。跨文化交际中，交际双方语言差异往往成为交际的障碍，这时口译就成为了实现交际的一个很好的选择。

口译是一个接收信息、解码和编码的过程，口译信息的接受和编码大都以话语为形式的，然而跨文化交际双方话语的选择——谈天气、问候健康、年龄、收入、个人隐私等在不同的文化中有着不同的社会含义，不同的语言文化心理、语言文化历史背景和文化传统，用什么风格来讨论某个话题也是受文化因素的影响的，话语的组织如连贯、叙述方式、顺序等各种文化都有不同的模式。正如英国著名语言学家所说，每一种语言都与某一特定的文化相对应，该语言的语言结构、语言交际模式说话人的思维、心理等等都很大程度上受到作为该语言的文化观念的影响，甚至制约。在跨文化交际口译中，接受信息的交际一方对原信息的解码任务就落到口译者的身上，口译解码不仅包括对非文化信息的解码，还包括直接影响准确传递的那些可能引起偏误或误解的语言和非语言的文化因素的解码，这时跨文化交际是否成功往往取决于口译者是否能够对交际双方的语言，及语言所包含的文化正确解码、编码，进行正确的转换，口译也因此成为交际双方成功交际的桥梁，口译桥梁的作用可以表述为：

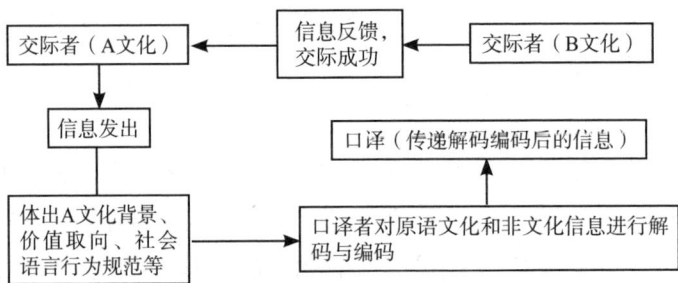

图5.1

由此也可以看到跨文化交际口译中，如果口译者对信息中文化因素进行了错误的解码和编码，翻译后的信息必然会有悖于原信息文化之处，也必然会导致跨文化交际失败，语用迁移就是错误翻译的一种。

三、跨文化交际口译中的语用迁移
（一）现象

语用迁移指的是外语使用者在使用目的语时受母语和母语文化的影响而套用母语使用规则的现象。在跨文化交际口译中表现为口译者在口译时对交际双方的文化背景、价值取向、社会规范方面存在的差异缺乏认识，常常对原信息文化的准则和社会规范按照字面意思照搬进入译入语中，形成口译中的语用迁移，造成语用失败的现象。例如：

源语：我们觉得这一条应该改一下

译语：We feel this article can be changed.

"应该"一词在汉语中使用频率极高，如果口译者一看到它就会条件反射似的将它直译为should或must，这不仅往往会显得生硬，有时还会引起误解。例如，本例本来是一个建议，如果口译时将它翻译为This article should/ must be changed，对方听起来肯定感到不舒服，似乎另一方在命令他们似的。这里"应该"是一个隐性文化因素，稍不留神就会导致语用迁移，带来误解或不快。

源语：欢迎各位参加我们的迎新年晚宴，我代表晚会组委会向你们表示热烈的欢迎。这是一个欢乐的夜晚，这是一个尽享美酒佳肴的时刻，我真诚地希望各位能度过一个美好的夜晚。请不要客气。

译语：On behalf of all the organizing committee of the party, I'd like to extend my warmest welcome to all of you present here.This is happy time for enjoying delicious cuisine and unique wine. I sincerely hope you will have a memorable evening. Please help yourself.

"请不要客气"却是中国这个特定文化背景下所产生的表达法，它的含义远远不是它字面的意思，如果口译时将它直译出来，听者很可能会大惑不解，为什么要他们"不要有礼貌呢？"，这是因为语言信息因文化背景不同而产生了理解上的差异，导致的语用迁移。

源语：I am an old dog now. But i am still able to work and to help those who are still struggling in poverty…

译语：我已老了，但是我仍然能够工作，仍然能够帮助那些仍在贫困中挣扎的人……

本例中，"I am an old dog"显然不能翻译为"我是一条老狗"，dog是中西文化背景不同许多层面上意义有着非常大差别的词语，稍不注意就会引起误解和不快，甚至冲突……

类似的例子很多，曾经为人们所熟知嘲笑的例子就是一个外国朋友夸奖一个中国人的妻子说"Your wife is beautiful."，听到译文后，这个中国人连说"哪里，哪里"，而滑稽的是这名口译人员居然将之翻译为"where, where"，那位老外震惊之余，只好说"Everywhere"，这虽然是一个笑话，但也不失为一个语用迁移的好例子。

（二）原因

语用迁移必然造成跨文化交际口译的失误，使交际双方产生较大的心理或社会距离，达不到预期的目的。造成口译中语用迁移的原因有很多。

1.由口译自身的特点所决定的

口译是一项艰苦而紧张的脑力劳动，一项特殊的语言交际活动，一个复杂的思维过程。口译由原语到目标语的过程并不是一条直线，而是一个由表及里、由里及表的理解、分析、表达的能动过程，而这样一个"听与理解—记忆—表达"的过程是极其复杂而又极短暂的，因为译者是通过"听"理解原话，获取信息，他要在听完讲话人的话后立即用目标语言表达出来，甚至一边听一边表达，几乎没有时间进行思索推敲，在多数情况下不可能查阅词典或工具书，或者请教别人，有时口译甚至是一种具有不可预测的即席的双语传言活动，单位时间内劳动强度很大。例如，在上海中高级口译资格证书考试中，根据粗略的统计，中级口译要求每分钟翻译英语单词约50个，汉字约65个，高级口译中每分钟翻译英语单词约75个，汉字约80个，在会议口译中往往要求更高，这些都说明口译受时间的限制特别明显，具有即时性、复杂性、强度高等特点，口译对口译者的双语水平、记忆力、快速反应能力等都有很高的要求。如果英语水平还没有达到相应的高度，口译时往往忙于做笔记以及意义的转换，对口译中出现的文化因素没有时间和精力去多思考，照字面翻译占绝大多数。应该说照字面翻译在很多情况下可以帮助节约时间，但是对文化因素的字面翻译尤其容易造成语用迁移，正如刘亦庆所说，"对于口译中的文化差异问题，口译的基本对策只能是顺应，表现出因势利导的适应性将原语顺顺畅畅地解释到译语中，使对方理解。""顺顺畅畅地解释"就是要避免生搬硬套的字面翻译，从而避免语用迁移导致的语用错误。

2.口译者跨文化交际意识不强所导致的

语言与文化之间的关系已为人们所熟悉，跨文化交际中的文化因素的重要作用很早以前就被人们意识到，早在1957年Lado就倡导在外语教学中对语言结构进行对比的同时，对不同语言的文化也要进行对比，以帮助学生克服外语学习中由于文化背景不同而引起的学习上的困难。虽然这一建议并未被人们所重视，但后来兴起并逐渐在外语教学中占主导地位，强调培养学生语言交际能力的各种教学法开始强调语言形式选择中文化因素的影响。在我国，20世纪80年代末期，外语教育界才开始对语言与文化的关系加以重视，教学中文化的导入也随之增加，然而因为口译本身在我国发展的滞后，口译中文化的导入远远不够。

口译的历史虽然悠久，但口译研究在我国译学研究中一直很薄弱，对口译和口译教学中文化差异带来的影响更是鲜有涉及。口译引入中国译学界较晚，相对于已经形成了较为成熟的理论体系的西方口译研究来说，发展水平仍然较低。作为研究成果的口译教材多数是针对高校外语专业高年级学生或相应水平的口译工作者编写的。21世纪以来，随着口译著作和教材的数量的增加，对口译的研究有了很大的发展。但除了一些口译专著以外，从口译书籍内容总体来看，大多还是以介绍口译一般技巧和编写口译练习为主，除了刘宓庆的《口笔译理论研究》这本书中探讨了口译中的文化翻译对策问题以外，其他书籍对口译中的文化因素和跨文化交际中出现的文化差异问题鲜有探讨。对口译中跨文化交际和文化差异问题的研究不足也直接反映在口译教学中。口译教学中忽视文化因素的作用，对文化差异造成的影响很少涉及已经是口译教学中普遍存在的现象。口译教师往往只拘礼于短期的强化培训，而没有把口译放入更广阔的范围作为一种跨文化交际活动引入。缺乏教师的引导与强调也成为后来许多口译学生跨文化交际意识不强，容易犯语用迁移错误的一个重要原因。

（三）策略

解决跨文化交际口译中的语用迁移首先要求口译者加强对交际双方的不同交际文化的了解。"交际文化指的是两种文化背景不同的人进行交际时直接影响准确传递即引起偏误或误解的语言和非语言的文化因素。"赵贤洲进一步将交际文化概括为12个方面：

1.因文化背景不同而产生的无法对译的词语。

2.因社会文化背景不同而产生的某些层面意义有差别的词语。

3.因社会文化背景不同而产生的词语使用场合的特意性。

4.因社会文化背景不同而产生的词语褒贬不同。

5.因社会文化背景不同而产生的潜在观念差异。

6.语言信息因文化背景不同而产生的差异。

7.含有民族特殊文化传统信息的词语。

8.成语典故、名言名句等。

9.词语中反映的习俗文化信息。

10.有特定文化背景意义的词语。

11.不同文化背景造成的语言结构差异。

12.其他因价值观念、心理因素、社会习俗等造成的文化差异。

这一划分虽然有重合之处，但对口译者学习跨文化交际双方的交际文化有着重要意义。口译者可以根据这一划分分别找出相对应的例子，熟悉双方文化差异之所在，在口译时对跨文化交际双方的交际文化和文化差异胸有成竹，这样才有可能减少语用迁移带来的交际失误。

培养口译者的跨文化交际意识是减少语用迁移的另一个重要方面。同笔译一样，口译中应尽量减少信息的耗损、丢失和误传，文化因素的误译违背了翻译（包括口译）最基本的标准——就是原语意义准确完整再现。因此必须要加强口译者跨文化交际意识以及文化敏感度的培养。然而这不是一蹴而就的，它需要一个过程，只有不断地强化，通过自身有意识的训练，才能深入译者的意识，最终达到游刃有余的"无意识，有技巧"状态。"无意识，有技巧"阶段是W.C.Howell提出的翻译（包括口译）理论意识培养的最高阶段，他在1982提出翻译意识的培养过程可分为以下四个阶段：

第一个阶段：无意识，无理论技巧。

口译者没有意识到口译中还要注意交际文化差异问题，口译时自然没有跨文化交际意识指导，也就常常犯语用迁移的错误。

第二个阶段：有意识，无理论技巧。

口译者意识到口译过程中应该注意文化差异的正确转换问题，但是实际口译中不知道交际双方有哪些文化差异，怎么去注意，什么时候要注意，因此往往不能避免语用迁移。

第三个阶段：有意识，有理论技巧。

口译者有跨文化交际的意识，口译时也能有意识地努力正确地进行转换，能够尽量避免语用迁移。

第四个阶段：无意识，有理论技巧。

口译者有很高的跨文化交际意识，非常了解交际双方的文化差异，对口译中的文化因素很敏感，已经达到了成竹在胸，信手拈来的阶段，已基本上克服了口译中文化差异所导致的障碍，基本消除了口译中的语用迁移。

W.C.Howell提出的这一过程与Robinson口译认知过程的观点是一致的，Robinson认为翻译（包括口译）操作实际上正是基于一个持续不断的学习深化的循环运动过程，持续不断地从"本能"到"经验"再到"习惯"，周而复始，逐步上升。口笔译者在实践中不断深化自己的认知，精于复杂的心智运作加工，从而获得一种"潜在的第二本性"，可以使他们表现出一种从经验中升华的具有创造力的习惯。这一理论应用到跨文化交际口译中说明口译者必须经过反复的实践和学习，充分熟悉了中外文化的诸多差异，获取了种种口译经验，对口译文化因素的转换也自然会转化为一种胸有成竹的习惯，不需要太多的努力，就会避免语用迁移，从容应对，最终达到有意识无理论技巧的境界。

四、口译过程中的跨文化障碍

口译中的跨文化交际，由于语言交际和非语言交际的混合使用，有时会在交际双方中间形成误解甚至是障碍。造成口译中跨文化障碍的原因可以总结为五个方面。

1.思维方式

由于对世界的实践方式和认知方式的不同，不同的人必然有不同的思维方式，这影响人们的观念、价值观及处理问题的方式，因此跨文化交际通常受思维方式的限制。

2.地理和自然环境

不同的地理及自然环境造成不同的文化。中国的古文明可以追溯到长江、黄河流域。黄河谷地，作为中国文明的主要发祥地，由于其天然的优势，也是古代农业的发祥地。地理环境深深地影响了生活在这里的人们的语言，因此在汉语中有特别多的和土地相关的谚语。"瑞雪兆丰年""种瓜得瓜，种豆得豆。""吃饭勿忘种田人""土生土长"等。同中国比起来，西方国家要追溯到古希腊时期，这里也是英语、法语等语言的发源地之一。在古希腊，优良的港口和丰富的矿产资源激起了希腊人民航海远行进行贸易的壮志雄心。如此的地理位置，对国家语言的影响不言而喻。因此，英语中许多表达都和水、船等有关。"to spend money like water（挥金如土）""take the sea（择业）""to keep one's head above water（勉强凑合过日子）""when one's ship comes home（当某人发财致富时）""plain sailing（一帆风顺）"。总而言之，地理和自然环境影响着语言本身，因此，译员在翻译过程中应多注意语言的文化内涵。

3.宗教

宗教是文化重要的一部分，它涉及民族宗教信仰和思想意识形态，不同的宗教信仰也影响文化的形成。在中国，儒家、道家和佛家是三个主要的思想流派，它们的思想已经植入寻常百姓的大脑里。儒家思想影响着中国人对待生活的态度，生活方式的选择以及社会价值的评判。多数英语国家的人信仰基督教。早在200多年前基督教就被西方所接受。随着英语版的圣经出现和宗教改革，使得上帝和普通民众的"关系"越来越亲密，也就造就了一大批与宗教有关的英语表达。例如，"Man Proposes, Cod disposes（谋事在人，成事在天）""God helps those who help them'selves（自助者天助之）"等等。

4.文化价值

人不仅是文化价值的需求者，也是文化价值的承载者。不管是人的文化需要，还是满足这种需要的文化产品，都只能在人的社会实践中形成。人们创造文化需要和文化产品的能力，本身也是文化价值，而且是最本质的文化价值。

5.高语境文化与低语境文化

霍尔从交际与感知的角度提出了一种研究文化的有效方式，即文化具有语境性，并将语境分为高语境和低语境。霍尔认为高语境的传播，绝大部分信息或存于物质语境中或内化在个人身上，而极少数则处在被传递的编码信息中；低语境传播正好相反，即将大量的信息置于清晰的编码中。东方社会很多都是"高语境"社会。高语境文化里人们的沟通只有很少的信息经过编码后被清晰传递出来，成员更喜欢使用间接含蓄的方式交流，比如肢体语言、空间的利用，甚至是沉默不语等。在低语境文化里，人们进行明确的言语沟通，成员更喜欢使用直接明确的方式交流，大部分要表达的含义都在话语中体现，只有很少的一部分隐藏在语境中。来自高语境文化的人往往认为低语境文化的人太直接，说话缺少感情；而低语境文化的人则觉得高语境文化的人不够坦率，说话迂回。因此，口译员们需要了解各式各样的文化，这样才能了解两个来自不同文化背景的人之间交际时可能会出现的误会，从而避免错误，提高口译质量。

跨文化交际是一个交际双方听与说的互动过程。虽然所有的行为动作对于信息接收者来说都可能有含义，但语言仍然是最直接的交流方式。语言交际和文化是紧密联系的，一方面，语言是文化的一部分，在文化中起着重要作用；另一方面，语言受文化影响的同时也体现着文化的方方面面，反之来影响文化。人们日常交际中的语言都是日常生活体验的总结，他们使用的话语也反映了他们的态度、信仰、观点。语言其实是一系列具有文化价值的符号，说者努力地让别人理解自己，而其他人则通过使用自己的 语言做到这一点，他们将所使用的语言视作社会认同他们的一个媒介。当说话者觉察到有与其所在的社会群体不符的语言时，这样的语言通常会被整个群体及所处的文化所摒弃。文化影响着非语言交际活动，反过来非语言交际活动也影响着文化。

第二节 跨文化意识对口译的重要性

翻译与文化息息相关这一点已为翻译界共识。口译员必须具备深厚的跨文化意识功底，充分理解原语文化和目标语文化背景。跨文化意识是口译过程中重要的思考和判断的灵感源泉，能够唤醒深层次的跨文化思维，引导译员的正确口译输出。不同国家的人有不同的语言喜好。美国人自信、坦率，口译输出时应尽量避免"大约""可能""一些"等模棱两可的词语；日本人等级和地位观念强，针对不同的对象应使用不同的头衔和称谓；英国人讲究绅士风度和传统礼仪，翻译时要尽量使用规范的语言和礼貌用语。另外，不同的词汇象征着不同的文化内涵和阐释不同的交际功能。例如dog这个词，在中国，可能含有贬义，如"走狗""狗头军师""狗嘴长不出象牙来""狗仗人势"等，但在英语语系国家里，往往是褒义，如top dog（优胜者）、lucky dog（幸运儿）、clever dog（聪明的小孩）。跨文化交际意识可以提高译员的文化识别能力和增强驾驭语言和文化的技巧，创造和谐的交际氛围，提高交际成功率。不同国家和民族的人在语言规则、交际习惯、文化背景和思维模式上存在较大差异，交际障碍的产生主要是对事物的价值观念和看法不同造成的。而说话人总是假想对方拥有和自己一样的或相似的文化特征，因此要求译员必须时刻激活跨文化意识，在翻译过程中采取适当的策略，迎合口译对象的需求，避免因文化冲突引起的交际失误。

一、跨文化意识与口译的关系

跨文化意识指的是在对本文化充分了解的同时，具备其他文化的相关知识，熟知如何与具有其他文化背景的人沟通、互动和共事。对于口译者来讲，跨文化意识是指在跨文化交际中，译者所自觉或不自觉地形成的一种认知标准和调节方法，或者说是口译者所特有的思维方式、判断能力以及交际过程中对文化因素的敏感性。尤金·奈达（Eugene nida）曾讲过：学习掌握一门外语，在较好的语言环境下，大约需要5年时间的努力；透彻理解一种文化，则需要20年，甚至更长的时间。不同民族在价值观、思维方式和姿态语言等方面都存在很大的差异，译者具备这种意识就可以在词汇、语用、语篇、文体等各个层面都能把握翻译尺度且不受文化差异的负面影响，协助交际双方相互理解，使跨文化交际顺利完成。提高对不同文化差异的敏感性，寻求文化差异与语言表达间的相关性和整合性，努力减少乃至消除跨文化交际中的语用失误，是口译工作者需要不断为之努力奋斗、且值得引起高度重视的问题。

口译是一个从听解、信息重组，到目的语表达的交际过程，是一个复杂并具创造性的言语传输过程，是将所感知的信息由一种语言形式快速准确地转换为目的语语言形式的跨文化交际行为。与笔译不同，口译对语码转换速度和语言理解准确度要求较高。在口译过程中，口译员在双语传递过程中感知和理解话语本身所蕴含的跨文化意识形态，然后通过面部表情、肢体动作和声音完成跨文化交际。口译中处理不可预知话题和文化背景信息时，口译员要把已知信息和新信息关联起来，而且还要把握文化差异、知晓与跨文化交际相关的文化因素，以便有效地理解不同文化背景下演讲者所传递的信息。文化和语言紧密相连，知晓语言背后所负载的文化，是口译员准确传递语言信息的前提。因此，口译不是言语信息间的简单传输，仅仅注重语言形式的对等，而忽视文化负载词的内涵，否则必定造成文化交际障碍。除了言语文化内部表现形式的不同，语言交际中交谈者的认知差异、思维模式异同、价值取向不同等更深层次的差异都会影响交际结果，口译员如果未能对深层文化做出快速反应，势必会造成语言传输失败或交际障碍。口译已被视为一种跨文化的语言交际活动，是否具备跨文化意识会直接影响到口译质量。具备一定的跨文化意识，可以使译员更好地传递交际双方的话语内容，从而达到交流效果的最大化。由此可见，在一些交际场合，如商务谈判、国际会议、高峰会谈中，译员是否具备跨文化意识，是合作交流能否顺利实现的重要因素。

二、跨文化意识与口译工作者

（一）跨文化意识与译员的关系

1.译员是跨文化意识的载体

作为跨文化意识的载体，译员在信息传递中起着桥梁作用。译员除了应具有训练有素的语言文字驾驭水平，还应通晓交际双方国家的文化渊源。历史传统、风土人情以及政治经济文化等多方面知识。广博的文化信息基础是译员完成跨文化交际中"桥梁"搭建任务的根本保证。译员除了掌握一切必要的背景知识，具备跨文化意识之外，还应积极运用，充分调动这种意识，为成功的交际铺平道路。

2.跨文化意识是译员水平判定的质的标准

衡量译员水平的标准很多，其中最重要的应该是译员的跨文化意识表现与应用能力，即译员的翻译是否符合文化性。只有按"符合文化性"的原则才能把握语用的罗盘，使语言真正做到得体和准确。口译在信息传递的衔接中，其译出内容受两方面影响，一是文化内涵，二是交际需要。跨文化现象中较为常见的问题是语言文字方面的对应问题，如某类词语在原来意义上因文化影响扩大，已具有新的含义时，译者应充分掌握。因此，当译员的逻辑思维能力强，并做出一一对应的翻译时，若加上文化对应的形象思维，充分调动跨文化意识参与交际，即营造和谐顺利的交际氛围的口译，那么其译出水平才能称为优秀。

跨文化交际意识和能力对在口译中具有重要作用。作为口译人员要做到准确、客观、完整地传译说话人的意思，口译者不仅要精通源语和译语两种语言，而且还要了解两种文化，了解两种文化间的差异反映在语言表达上的不同，提高自身的文化修养，避免跨文化交际的障碍。因此，口译者应注重培养跨文化意识，提高自己灵活处理各种文化现象的能力。

（二）跨文化交际意识对口译员的影响

在跨文化交际过程中，人们除了容易出现语法、语音、表达方面的错误之外，还常常形成文化方面的误解与误读，这也是阻碍交际正常进行的主要原因。这类文化误解或误读所造成的错误主要有社会语言行为不得体；文化模式的不可接受性；价值概念上的冲突；表达方式迥异而不可理解。

第一，语言是文化环境中的产物，也是文化的载体，作为反映人类历史和人类思想的工具，每一种语言都有其独特的文化特色。例如在话题的选择上，一个文化中人们常常涉及的内容可能在另外一种文化经常回避甚至是忌讳。在中国文化中人们经常谈及年龄、收入、婚姻状况等话题，以表示人们之间特别是长者或者领导对晚辈或下属的关心；在西方文化中除非对方主动提及，否则最好不要谈及，因为在西方文化中这种行为被视为打探对方隐私。

在谈话的方式上中西方也有很大的差别，中国人在做演讲时通常以"致歉"开始以"致歉"结束，而西方人却是通常用笑话开始用笑话结束的。这是因为中国式的特有思维孕育了一种内敛、含蓄的文化，因此中国人表现出谦虚的姿态，而西方人则表现出自信和外向的特点。例如某单位宴请几位外国专家，虽然桌上是美酒佳肴，但主人起身盛情举杯："今天饭菜不好，照顾不周，请多包涵。来，先干上一杯。"以表示谦虚和客气。此时如果直译，客人就会不解，既然宴请，为何用不好的佳肴？此时译员必须懂得运用语用策略，进行灵活处理，将其译为 "These are the best dishes and services we are able to prepare.Please help yourselves. Now.to everyone，cheers." 以符合译语听众的交际期望，实现同等的交际效果。

第二，思维方式是主体在反映客体的思维过程中，定型化了的思维形式、思维方法和思维程序的综合和统一。人作为思维的主体，其思维方式的形式是受社会发展的影响和制约的。不同民族的人思维方式存在着不同之处。中国人重整体、偏重综合性思维，英美人重个体、偏重分析性思维；中国人重直觉，英美人重实证。汉语民族在表达上常常有很大的模糊性和不确定性，使得说话人有很大的回旋余地，而英美文化更注重理性思维，强调逻辑分析，语言表达往往直截了当，直入主题。因此，在双方交往合作中，常常会引起一些误解甚至不良效果。中国人经常会说"可能、应该、也许……""我估计、我觉得……""我尽量做到……"。这其实更多的是一种谦虚的体现；对于坦率、自信的英美人，译员应尽量避免使用might、 perhaps、about、some等词语，而应该视具体情况进行调整。以便双方顺利地交流与沟通。

第三，价值观是各民族文化的核心，它决定人们的价值取向并影响人类社会的方方面面。中国人的伦理精神重视"群己合一"，突出群体的人格，集体主义是中国文化的核心理念；而欧美人注重个体的人格，突出个人自由和权利，倡导个人主义。价值观念的不同反映了文化的差异，同时也带来了语言上的差异。正因为如此，"个人主义"译为individualism是不准确的。因为"个人主义"在汉文化中意为"一切从个人出发，把个人利益放在集体利益之上。只顾自己不顾别人的错误思想。"而individualism是"只按个人方法行事的感觉或行为"的意思。可以看出"个人主义"在汉语中是贬义词，而individualism在英语中是中性词，其确切意义是"个体主义"。因此口译员在处理这些词的时候应当根据具体情况作出相应的调整或说明，以消除彼此的误会，促进有效的沟通。

第四，由于人类的生存环境和思维结构具有宏观相似性，这也成就了不同文化之间的交流。然而文化模式、思维方式、价值观念等各个方面的差异直接表现为语言表达形式的不同，如果照做字面形式直接译出，就会闹出笑话。译员在实践中切忌照字面直译。如"洗牌（to shufle the playing card）""拳头产品（knockout product）""买一赠一（Buy one，get one free）""番茄酱（ketchup）"等。

任何语言都有语体之分，有高雅的、通俗的、粗野的，译员在翻译时要注意语体、语气、褒贬等。如汉语中"宣传"一词在很多场合并不翻译成propaganda，汉语中的"宣传"的意思是向大众讲解说明、进行教育，而英语中看似对应的propaganda一词具有"欺骗性的宣传"这一词义，为了避免造成误会，通常将其翻译成popularize，make / raise / promote / improve public aware ness等，如"加强法制宣传和教育，增强公民的法律意识和法 制观念"可译为"strengthen legal promulgation and education to enhance the legal awareness and idea of the public."

跨文化交际意识的有无或程度强弱直接影响译者的翻译质量，同时它也可以作为衡量一个外语学习者是否适合从事口译工作，能否成为一名优秀的口译者的重要准绳。

三、跨文化意识培养在口译训练中的重要性

随着社会、科技的不断发展，来自不同国家、民族和地区的人们之间，由于经济等诸多因素，进行日益频繁的交往。随着交往程度的加深，在与来自异质文化背景的人们进行切实可行的交流需求增大。当不同文化背景的人聚集在一起，希望沟通和交流时，他们通常会采取某种特定的语言进行交流，而这会造成语用差异。由于这些差异，其结果会直接影响交流和沟通，出现误导信息、错误信息，我们把这些统称为语用失误（pragmaticfailure）。

口译作为跨文化交际的桥梁活动，学生在信息传递过程中起着关键作用。同时，他们最直接接触到不同文化领域的信息，要求能迅速准确地表述不同文化背景交际双方的各种意图。所以在口译过程中，学生应避免语用失误显得尤其重要，这种理念要融入到英语专业学生的口译教学中。比如说，很多人在与外国人交流时，在不确定对方是否会用英语交流时，一般都会问"Can you speak English？"，因为根据字面意思，学生很容易把其理解为"can"就是"会"的意思。这种说法看起来与"Do you speak English？"含义相同，但是这两句话的语用功能却不同。当问"Can you speak English？"时，语用功能中隐含了一种"要求"的功能，言外之意是希望对方能用英文进行交流。而"Do you speak English？"就没有"要求"的功能，仅仅意味着希望询问对方能否使用英语这门语言。口译中的语用失误类型大体说来可以分为语用语言失误和社交语用失误。不是说一个大概的了解，而是要了解使用这一语言的人们的过去与现在，这就包括了历史、动态等等方面的内容，而且范围越广越好，程度越深越好。

口译是一种跨文化交际活动，在这一交流过程中，学生最直接地接触不同文化的信息，必须能迅速准确地表述交际双方的意图。如果学生不了解文化差异，会导致译语无法为部分不熟知该文化背景的听众所理解，从而使交际双方难以沟通，甚至产生误解，导致交际失败。文化间的共性为跨文化交流提供了可能。在平时阅读教学中，应多涉及一些外国历史、风俗、最新科技等方面的文化知识，使得学生在熟悉英语语言风格和表达特色的同时，扫除因文化背景知识匮乏所带来的理解障碍。如典型的例子，在遇到惊喜的时候，英语中表

达方式lucky dog（幸运儿）。这是因为狗是西方忠诚的象征，此处带有褒义；再如talk horse（吹牛），中国传统文化是农业文化，而牛则占有重要地位，所以我们说一个人说大话、夸口的时候说他"吹牛"，英国文化是一种"马"的文化，我们说"吹牛"，他们却说"吹马"。在嫉妒的表达上，中国人是"嫉妒到眼红"，而英语中表示则是green-eye（绿色的眼睛）。根据不同的文化，在翻译过程中要适当给予调整。口译课程要求学生运用其双语或多语能力，为处于不同语言文化的人们之间的沟通提供服务。口译课程的效果主要取决于学生的语言水平和文化素质。在进行口译教学过程中，学生不仅要精通原语和译语两种语言，还要了解这两种文化（主要是英语和中文），并具备处理文化差异的能力，否则会直接影响口译的效果。由于文化的社会和民族属性，为一种文化所独有的风俗习惯或价值观，可能会不被另一文化背景的人所理解和接受。但不同语言文化的人们在价值观、生活方式、思维方式、风俗习惯等方面所存在的差异，则对交流造成了不少障碍。

文化表象是不同民族或社团文化中约定俗成的认知模式。文化表象不断出现在各民族的语言里，渐渐形成了一种文化符号，带有丰富的寓意、深远的联想，以多种多样的表现形式向人们展示了该民族的历史和文化。如在汉语里，"龙""凤"都是吉祥如意的代名词，因为"龙"在中国文化中是皇帝的代表，是高尚、神圣的象征，威力无穷，神通广大。而"凤凰"则是传说中的百鸟之王，有吉祥如意的含义。但在英美文化中，dragon在《圣经》中则是一种带来厄运的动物，它具有凶恶可怕的象征。Phoenix是神话中的一种具有神力的鸟，生活五六百年后能够自我焚化，并由此得到重生，phoenix在英语中引起的文化意象是"重生"。在中国传统文化中，"凤"是与"龙"相对应的意象符号。此类翻译可以按照中国传统习俗，如"凤凰涅槃"等来翻译。这些情况，都要告诫学生，在进行源语和目的语之间转化时，要注意其特定的历史指向和文化表象。

人们感知、认识周围世界的方式和角度是有差异的，体现在语言上就是对同一事物表达习惯的不同。差异不仅仅体现在文化上，中英思维差异在对时间、地点、方位和度量衡的表述上的差异均有所体现。例如，2011年3月24日用英语表示就是24thMarch2011。而表示方位的词"东北、西南、西北、东南"所对应的英语为northeast、southwest、northwest、southeast，进行口译过程中都需要进行相应的调整。在时空和地点的表达上，中国人习惯从大到小，欧美人则习惯从小到大，这些都非常明确地体现在了各自的语言用法中，这也是在口译授课过程中需要学生注意的跨文化差异，要培养学生跨文化意识以避免类似的语用错误，造成不必要的麻烦。

口译是一项复杂的跨文化交际活动，它包含复杂的认知、心理与情感过程。成功口译离不开学生的语言能力、社会文化能力、情景交际能力及交际策略能力，也需要其具备跨文化意识。具备跨文化意识的翻译，能够更好地考虑交际的需要，主动弥补说话人表达的失误与缺陷，尤其是当其意识到交际双方冲突的症结所在时，就能在口译中起修复的作用，缓和冲突，帮助双方建立成功的跨文化交际。一旦学生具备了跨文化意识，就可以使译语不受或少受文化差异的负面影响，从而更好地驾驭语言，为两种文化牵线搭桥，得体和准确地传达信息。在授课过程当中，要适时补充中西方文化传统的异同及相关文化背景知识。对于接受口译教学的学生来说，跨文化意识能力就体现在能用合乎语法的语言，用听众所能接受的难易程度、恰当的表达方式及用词将原语包含的意义传达出来。由此不难看出，文化因素在口译中所起的关键作用。因此，对于有志于从事口译的学生应有意识地进行培养跨文化意识，以促进不同文化间的沟通和交流，更好地达到翻译和交流的目的。

第三节　跨文化交际口译中的关联理论运用

一、关联理论与跨文化交际口译

跨文化交际是一个双向信息交换的过程，口译活动成了他们之间的桥梁。通过口译活动，发言人的原语（SL）在一种文化背景下进行编码，而在另一种文化背景下进行解码——译语（TL），双语反复转换，追求最大语境以达成完美交流的目的。

（一）关联理论的关联原则

赵彦春的《关联理论对翻译的解释力》引发了国内学者对翻译与关联理论的探讨，也引起了口译界探讨关联理论在口译实践的认知视角。赵彦春认为，话语的关联程度依赖于语境效果和推理努力，语境效果与关联成正比，推理努力与关联成反比。用公式可以表示如下：

关联性=语境效果/推理努力

从上面公式可见，"推理时所付出的努力小，交际者获得的语境效果增大，关联性就强；推理时所付出的努力大，语境效果差，关联性就弱。由此延伸，关联理论公式涵盖了最大关联原则和最佳关联原则。最大关联（most relevance），是指在交际中受体在理解话语时付出了尽可能小的努力而获得最大的语境效果。最佳关联（optimal relevance），是指受体在理解话语时付出有效的努力之后获得足够的语境效果。关联理论认为语言交际以最佳关联为取向，以最小的认知努力获得最大的语境效果，并以此推导构成交际。

（二）关联理论的意图观

Sperber&Wilson认为，交际是一个涉及信息意图和交际意图的明示—推理过程。刘军平认为："意图包括隐含的和明说的"。可见，关联理论区分了交际者在交际过程中所传达的信息意图和交际意图。信息意图指交际者传达地对受众所做的设想，可以理解为交际者的字面意义，往往是明说的；而交际意图是让信息意图互显于交际者和其受众者的意图，即信息意图所产生的联想意义和推理意义，多为隐含的。

（三）从关联理论视角看跨文化口译活动过程

交际是一个认知过程，交际双方互明的前提是在于最佳的认知模式——关联性。在关联理论的视角下，把口译看作是一个对交际过程进行阐释的动态的明示—推理过程，突出了口译的认知特性和交际特性。口译人员要尽可能根据话语内容去推理原语的交际意图，让译语接受者在自己动态的语境内对译文进行阐释和解读。在语言交际中，受话者对世界的假设以概念表征的形式储存在大脑中，构成用来处理新信息的认知语境。

二、关联理论在跨文化交际口译中的运用

（一）关联原则在跨文化交际口译活动中的应用

根据前面所述的关联理论，口译的过程被视为认知推理的交际过程。在这一过程中，口译人员要充分利用自己认知语境中的各种信息知识，找到源语信息与语境假设的最佳关联，获取相应的语境效果，以目的语听从的认知能力

和期待为准则，对原语进行最佳关联性的取舍，从而提供最佳语境效果，正确传递源语的意图和相关信息，避免出现语用失误。以下结合实例进一步分析关联理论在跨文化交际过程中的应用。

众所周知，同一文化内的语言交际有着共同的文化背景知识，不同文化背景的人们就会存在文化内涵的理解和表达问题。在最大关联理论的视角下，同一文化内的语言交际以最直接的信息意图获得最大的语境效果。所以同一文化环境中的人具有关于这一言语文化的共同认知心理图式，在正常的语言交际中，一般不会全盘托出有关图式的所有信息，而是自动省略不言而喻或不言自明的环节，选择最直截了当的信息意图及交际策略，并以此提高交际的效率。被省略的成分与交际话语的文化背景有关，叫"文化缺省（cultural default）"。

在跨文化交际中，因为存在文化的差异性，故以最佳关联原则为取向，理解原语时付出有效的努力之后获得足够的语境效果，并以此推导构成交际。跨文化交际的成功取决于话语与语境的最佳关联，口译人员要依据最佳关联性对原语的意图进行释意、推理和预测，同时，再依据目的语的认知语境和文化背景建构起有效认知图式，选择最佳译语，把真实意图明示给目的语听众，以形成语境效果推理，达到满意的口译效果。针对跨文化交际中的文化缺省，口译人员需要从以下两方面重构交际意图：一是口译人员需识别原语中的文化缺省，推断出原语的交际意图，并以信息意图方式表述给接受者；二是口译人员要对接受者的认知环境进行合理推测，对原述话语中的文化缺省进行合理补充，为接受者构建恰如其分的文化语境，以产生足够的语境效果的译语。要使语境假设取得关联，需要依赖于口译人员的认知——推理能力。在此过程，从信息意图、思考推理到交际意图，都是不可忽略的环节，由此可见，跨文化交际就是在原语意图和对象期待的关系中挖掘缺省文化，寻找一种最佳关联的活动过程。口译人员应该不遗余力寻求最佳关联，促进跨文化交际成功。

（二）关联意图观在跨文化交际口译活动中的应用

根据关联理论，交际活动中传达包含信息意图和交际意图。信息意图可以理解为直接引语，而交际意图多为隐含的间接引语。Sperber&Wilson认为，直接引语就是要"复制说话者的原语，保留原语中所有的表面语言特征"；而间接引语则无须保留原语的语言特征，"只用转述原语的命题形式，即原文的基本意义"即可。在直接引语和间接引语的启发下，Wilson的学生Gutt提出了直接翻译和间接翻译的概念。直接翻译有赖于"语言特征的相似性"，要求准确传达原语的交际线索，尽量做到表达形式、句法结构与原文保持对等或基本对等。如：To punish wickedness and encourage virtue（惩恶扬善）。间接翻译（indirect translation）则意在传达原文的明说和暗含意义。是在透彻理解原语的言语内容的基础上，摆脱源语结构的束缚，按照接受者的文化习惯来反映深刻与比喻引申意义，令接受者付出尽可能小的努力而获得最大的语境效果。如：Provide liberal relief to the poor. Be generous in charities.（博施济众）。

　　语言一旦进入交际领域，存在文化背景、思维习惯、语言层面的表达形式上有各自的特色。由于跨文化交际口译面对的是两种不同的语言，他们的语言特征并不具备太多的相似性，迥异的地方居多。这要求口译人员首先具备良好的判断力，精准地给接受者的认知水平进行定位，判断他们对异域文化的理解与期待程度，切实对原语的语用文化进行深刻剖析推理，得其义，悟其神，运用间接翻译的策略，保证传递准确连贯的语义和文化信息。如：Speak of the devil，and he appears.（说曹操到，曹操就到）。曹操是中国耳熟能详的人物，但在西方却鲜为人知，所以口译人员只能悟其隐义，间接翻译以保证最大的语境效果。

　　综上所述，口译人员应加强跨国文化知识的学习，了解因受文化背景和思维方式不同而产生的表达方法和习惯的差异，不断提高语言的敏感性，运用间接翻译恰到好处地处理交谈中遇到的笼统不明的情况，或巧妙避开，或突出主题，使译文简洁明快。

第四节　跨文化视角下的归化和异化的口译策略

　　中国的口译活动历程几乎与中国的翻译史一样源远流长。在过去两千年里，翻译标准一直围绕着"字对字"和"意对意"这对二元对立的命题争论不休，而这一争论也将注定是无果而终。最近20年来，翻译研究中出现了两个明显的趋向。一是翻译理论打上了深深的交际理论烙印；二是重视语言的转换向更加重视文化的转换。随着经济全球化不断加快，说着不同语言的各国人民期待和渴望彼此的思想交流和文化交融，口译媒介因扮演着文化传递的重要角色而广受人们的关注。2008年的北京奥运会、2010年的上海世博会以2011年的深圳大运会的举办无疑推动了文化交往的步伐，扩大了口译的影响。既然翻译跟文化密切关联，不同语言的文化又存在较大差异，翻译时应如何处理？译学界形成了两种对立的意见：一是归化（Domestication）；二是异化（Foreignization）。作为穿梭于不同文化之间的口译员应具备敏锐的跨文化意识，采用恰当的口译策略准确地传递说话者的言语信息及其文化内涵给听众。

一、归化策略的优点和不足

19世纪德国翻译家施莱尔马赫（Friedrich Daniel Ernst Schleiermacher）指出："译者要么尽可能不打扰译文读者，让原文作者向译文读者靠拢"。该策略实质上体现了归化的本质特征，主张采用透明、流畅的文体和归化语言最大限度地减少读者对原文的陌生感。韦努蒂在The translator's Invisibility中称这种方法为"归化（Domestication method）"，并指出："译者应当隐藏自己，隐藏自己把原文转换成译文的劳动，让读者觉得读译文就如同读原文一样"。奈达可谓"归化"的代表人物，主张"译文应是原语信息的最切近的自然对等"。奈达的动态对等（或功能对等）的目的是，译文的表达方式应是完全自然的，并尽可能把源语行为模式纳入译文读者的文化范畴。

归化策略在翻译策略上主导了数个世纪之久。并且成为文学翻译者顶礼膜拜的圭臬。通过归化策略输出让读者耳熟能详的言语、词汇、语法模式使得这一策略在读者中享有崇高的声誉和地位。这一策略最大成功之处在于其语言，使用目标语言模式让译文读者享受和原文读者一样的认知信息和感受，可以很好处理阻碍译文读者欣赏的信息障碍，提高译文的理解性和可读性。比如说中国成语"对牛弹琴"翻译成Cast pearls before swine。A friend in need is afriend in deed翻译成"患难见真情"。Love me，love my dog.译成"爱屋及乌"。在不同文化背景中用不同的词语表述能在译文中让读者获取清晰的原文意旨。虽然这一策略可使文体清晰、流畅，但会导致译者的"隐形"，译者辛苦的劳动轻而易举被抹杀了。

韦努蒂的The translator's Invisibility本意是让译者现身并抵制和改变翻译

强势理论和实践横行霸道的英语语种文化。毫无疑问，归化策略深深地依赖并植根于目标语文化中，甚至可以直接找到替代原文的语句。英语谚语"To kill a bird with two stones."译成中文"一箭双雕"。中国读者不费吹灰之力就可以理解，但至于成语典故来源及其中的词语内涵恐怕是一支半解。但一个导游倘若用英语的成语解释中国的民间传奇故事，国外游客能和中国游客会获得相同的感知吗？这可能会导致文化的缺失。翻译是至少牵涉两种语言和两种文化之间转换的一种活动。假如翻译作品仅仅是传递内容和意义，翻译出来的小说也只是几个人物和事迹而没有把其中的文化内涵显现出来，作品就会显得苍白无力，失去本真。

二、异化策略的优点和不足

虽然施莱尔马赫首度概括出异化策略的概念，指出："译者要么尽可能不打扰原文作者，让读者向原文作者靠拢"。但真正精确的概念由韦努蒂提出，他指出英语中的异化策略是对民族中心主义、种族主义、文化自恋主义以及帝国主义的一种抵抗形式。根据他的观点，该策略抵制本族的文化，风格言语特征以便于传递原文文本特性，带给读者原文作者语言层面的感受。韦努蒂可以说是"异化"的代表人物，提出"反翻译"概念。他公开声言："其目的是要发展一种翻译理论和实践，以抵御目标语文化占主导地位的趋势，从而突出语言和关系这两方面的差异"。异化翻译策略要求译者以原文文本为中心，尽最大努力忠实于原文和读者，带给译文持久旺盛的生命力。

总的来说，异化策略特征可以概括如下：第一，摒弃了目标语言和文本风格为中心的翻译理念。世界上没有两种完全相同的语言，即使属于同一语系的语言也是不尽相同的，因此，译者在进行翻译时，必须琢磨再三，对比不同语言和文化特征。归化策略的精髓在于译者的"隐形"，让读者感到如同在读目标语写作的文体。而归化的策略强调原文的"异"，因此译者特别要把传递原文的语体风格和流畅性放在考虑的首位。第二，注重传递原文文本的文化。翻译任何一种形式的作品，如诗歌、戏剧、小说都必须传递本身的文化和地域特征以及各种谚语和词语的表述方法。译者应用最清楚，最清晰的语言保留原文的本质特征。第三，目标是让读者体验最真切的异域文化。不同知识背景的读者切身体验到不同的地域文化。例如："Unless you've an ace up your sleeve，we are dished." 翻译成中文有两种表达："除非你有锦囊妙计，否则我们输定了。"或者"除非你手中藏有王牌，否则我们输定了。"英语成语 "to have an ace up one's sleeve" 意思是说某人手中有一张王牌或在紧急时产生一个极妙的主意。两种翻译方法似乎都比较容易接受，但孙致礼指出锦囊妙计指的是在一个精致的包中藏有绝妙的计划，经常用于古代战争，而 "an ace up one's sleeve" 指的用于西方的赌博。由于历史和文化的差异，不同的译法会产生不同的文化联想和误读。而后者异化的译法不仅传递了准确的原文信息，而且暗示了读者应当尽量多了解西方典故知识背景。

异化策略的优点取决于目标语文本和原文文本一样的"原汁原味"。首先体现了译者对原文文本文化地位的尊重。对于一部字里行间洋溢着浓厚的美学和高雅文化价值的作品，倘若译者只顾译本的流畅和可读性而不关注蕴含其中的"美"只会使译文只是传递了"内容"而丧失"韵味和异味"。进行旅游介绍翻译时，向国外朋友推介中国的历史文化景点如果采用异化策略则可激发国外游客兴趣，诱导他们设身处地非要亲临体验不可。

此外，异化策略充满了文化不平等的争斗。译者试图在不同的文化中寻找尽可能地相似性以达到翻译对等的目的，然而，彻底消除文化差异性似乎只是一个乌托邦式的梦想。译本总是在文化冲突中诞生，而读者总是乐此不疲窥视本区域文化外的异域文化。风靡一时的归化策略助长了"充满垄断性，排斥外来文化，习惯于以流畅手法表现英语文化价值并且提供读者带有"文化自恋主义"倾向的英美文化蔓延。这实质是英美霸权主义文化价值观念的全球化入侵，造成了文化的不平等。而异化策略是强烈抵制民族中心主义、文化自恋主义、种族歧视主义和帝国主义的，是基于民族地域的利益方面考虑的。韦努蒂提倡并实践这种抵抗性的"反翻译"策略，强调尊重文化差异的客观存在和原语语言文化的客观差异，彻底改观一味翻译成强势的译语文化等级架构。

随着国际间文化的交流、碰撞和融合，特别是异化翻译策略的使用，使得读者领略了不同的异域文化，推进了跨文化交际的进程。比如说，我们翻译英语谚语 "every family is said to have at least one skeletonin the cupboard." 如果采用归化译法，可以译成："家丑不可外扬。"或者采用异化译法："据说家家户户都至少有一件家丑。"虽然中国读者对前者的译法完全可以理解，但不能完全准确传递原文的内涵。随着中外跨文化交流不断深入发展，一些国外的译语如"沙发""色拉""因特网""拷贝"等洋化词汇已为中国读者耳熟能详，而中国特色词汇如"功夫""饺子""long time no see（好久不见）""Save one's face（顾全面子）"等词汇或短语也频频见诸西方媒体或交际场合。

然而，凡事也有两面性，异化策略也有不足之处。当今社会是一个追求效率第一的社会，译文信息的简短准确显得异常重要，倘若一味异化，用太多的长句势必会影响阅读的兴趣，不符合委托人和读者的需求。因此译者使用异化策略一定要适度，不能滥用，否则译文有可能佶屈聱牙，原文的韵味荡然无存。如曾经流行一时的international（英特耐雄纳尔）、science（赛恩斯）也因不适应时代发展的潮流逐渐被人们遗忘，取而代之是简洁明快的译文"国际""科学"。

翻译策略的选择一直是翻译界争论不休的激烈话题。研究翻译时，不可避免要研究文本的原文和译文，特别是不同文化背景下的原文和译文的对比研究，寻找如何实施语言和文化转换的有效途径。归化和异化策略选择的争议往往是最热门的话题之一。

翻开中西方早期翻译史，特别是文艺翻译阶段，由于归化策略翻译的读本体现文体流畅性和易读性而受到目标语读者的追捧，因而这一策略被译者普遍采用。自20世纪80年代起，随着越来越多的翻译理论介绍入中国，越来越多的译者也开始转向于一种可以传递异国文化风情，保留原汁原味的异域文体的翻译策略——异化策略。一些翻译理论家认为，采用归化的策略导致译文的"反客为主"，过度的中国成语"四字结构"和排比短语滥用导致原文文化失真。著名翻译理论家孙致礼认为："归化是原文词语向译文词语的转变，而异化则可从国外引入新词表达。"归化和异化之争最终引向了另一个话题，在翻译过程中传递语言和文化，哪个更重要？一些翻译理论家认为，归化可以在翻译输出流畅的表述，易于读者接受和理解，在语言层面上占据优势。而异化可以引进和推介异域文化，让读者领略原味的异域风情而备受推崇。进入21世纪的今天，全球经济一体化不断加强，国际间交往越来越频繁，文化交流、碰撞、融合进一步加剧，充当文化传递媒介和纽带的译者将面临比以往任何一个时期更严峻的挑战。译员除具备高超的口译技能、卓越的双语能力、快速的反应能力以及百科全书般的知识外，还须夯实自身的跨文化意识修养，充分了解双语文化，方能选准精确的口译策略，从而在翻译时游刃有余。

第六章　跨文化交际意识下的口译实践技巧分析

第一节　中国文化相关词汇的口译技巧

一、中国文化相关词汇的口译技巧

（一）中国文化名词的口译技巧

以日语口译为例，口译实践课中绝大部分是我们向日本老师介绍，对于译员来说，汉译日占大部分，其中涉及很多中国文化名词的翻译。这些文化名词基本上都是中国特有的，有些中国文化名词也许一些日本人会有所耳闻，但大部分是他们不了解的，甚至从未听过的，可以说在日语里是空白，这就给口译带来了很大困难。

在译前准备阶段，我们会根据自己接到的话题内容，利用各种工具查阅相关单词和语法。有些中国文化名词可以查到现成的对应日语词语，口译时我们就直接拿来用，比如"端午节"直接译成"端午節"，"元代"直接译成"元代"。而相当多的中国文化名词没有对应日语词语，我们一般采取的方法是根据自己对这些词的理解用日语进行解释，比如"臭豆腐、臭冬瓜、臭苋菜梗"译成"臭豆腐、臭い冬瓜、臭いヒユ"。我们自认为已经将汉语翻译成了日语，日本老师应该能听懂。但事实上在日本老师听来不是无法理解、不知所云，就是译语太生硬，仍有欠缺，不太恰当，不符合日语表达习惯。

经过译后自我校对和老师的讲解，进行自我总结反思后，笔者发现在介绍中国文化时，我们的译语生硬、难以理解、仍有欠缺，一方面是因为我们中国人在介绍本国文化时总是只顾一个劲地自夸本国文化，喜欢用一些高大上、抽象的辞藻来进行修饰，至于对方能否听懂、能否接受等往往考虑不足，日本人在听的时候为了照顾说话人的感受和面子，即使听不懂也很少当场表现出来，这就给译员的口译工作带来了很大困难，给双方的交流带来了阻碍。另一方面是因为译员口译时缺少跨文化交际意识，仅仅将口译工作看成一项纯语言翻译任务，将一种语言转换成另一种语言，没有意识到口译更是一种不同文化背景下的交际活动，口译的最终目的是使双方的交际顺畅地进行下去，须在准确理解原语的基础上将其所要表达的意思传达给另一方，使目的语一方听到的内容自然、合乎目的语文化习惯。

作为译员，我们的母语是汉语，身处的母语文化是中国文化，这些中国文化名词在我们听来有些是耳熟能详的，即使以前没听过，也能理解。汉译日是一个汉语听辨—理解—日语再表达的过程。在日语再表达的阶段，我们有时没有清晰地意识到日本人与我们的文化、思维方式不同，只关注语言层面的对译而忽略了其背后的文化差异。我们翻译出来的日语单从语法和单词上来看也许没有太大问题，但我们却往往忽略了对语言背后文化意义的解释。内容和文化上，在目的语一方的生活、思想和文化里可能是空白，这就导致目的语一方听不懂、不理解。可以说，单纯地从语言层面来看，我们的译语也许没有问题，但在文化上已经失了真。

由此可见，作为译员，我们需要清楚自己在整个交际过程中的作用，口译不只是为了翻译而翻译。我们要培养自己的跨文化交际意识，熟知中日文化上的异同，考虑到中国有的事物、文化在日本未必有，在口译过程中时时保持对这方面的敏感性。在遇到有关中国文化名词的翻译时，不必拘泥于汉语的顺序、形式，可以在充分理解的基础上，适当地根据自己掌握的相关背景知识，采取加译、意译的方法，适当补充，以便于目的语一方理解。而且为了让译语符合日语表达习惯，我们可以学习日本老师介绍日本文化时的一种思维习惯。日本老师介绍日本文化时总是讲得通俗易懂，会考虑到对方能否理解，先简洁明了地进行背景介绍，介绍要讲的话题主要内容，然后再具体讲解，遇到可能对方没听过、难理解的地方，日本老师会特意对这个内容进行解释。我们将有关中国文化名词内容翻译成日语时，也可以借鉴这样的方式。下面结合案例具体说明。

【例1】

原语：粽子是我国端午节的传统食品，是一种用粽叶包裹糯米蒸制而成的美味。

译语1：粽は中国の端午節における伝統的な食べ物です。笹の葉でもち米を巻いて蒸しあげた食べ物です。

译语2：それでは粽についてご紹介いたします。中国の端午節はご存じですか。旧暦の5月5日に行事を行う祝日です。粽は中国の端午節における伝統的な食べ物です。笹の葉でもち米を巻いて蒸しあげた食べ物です。

上面的例1是介绍我国传统食品粽子的最开头一句话，原语中出现了"端午节"这个文化名词，在之后的介绍中也没有对这个词进一步解释说明。译语1就是直接将日语里现成的单词"端午節"拿来进行直译，没有考虑到中国端午节和日本的端午是不同的，日本老师对中国的端午节是否了解，能否完全听懂，这两个词在句中是否会阻碍日本老师对整个内容的理解。事实上，在整个有关粽子的介绍结束后，在提问环节日本老师表达了对"端午节"的不解，并且提到日本有"端午"，是阳历5月5日，日本的儿童节。可见译语中直接用"端午節"、进行直译是不可行的，无法达到使双方交际顺畅进行的目的。

而译语2中，首先用"それでは粽についてご紹介いたします。"表明自己接下来要介绍的主题，而不是像译语1那样开门见山地直接进行介绍，这也符合日本人的语言习惯。接着基于跨文化交际的意识，考虑到中国端午节与日本端午文化意义的不同，对端午节进行了简单的解释说明，告诉对方中国的端午节是阴历五月五日举行的节日，跟日本不同。这样就能够便于日本人对接下来内容的正确理解，便于交流顺利进行。

【例2】

原语：我来给大家介绍一下洛阳水席。洛阳水席有两个含义。一是全部热菜皆有汤汤水水。二是热菜吃完一道，撤了以后再上下一道，像流水一样不断地更新。

译语1：今日は洛陽水席を紹介します。洛陽水席は二つの意味があります。一つは全部の料理はスープを主体とした料理です。二つ目は一つの料理を食べた後、もう一つの料理が出てくる。流れる水のように出てくる料理です。

译语2：今日は「洛陽水席」と呼ばれる唐の都の一つで、東都の洛陽という町ならではの名物料理をご紹介いたします。「水席」は「水」と「宴席」の「席」と書きます。洛陽水席は二つの意味があります。一つは水という字が入っていることからもわかるように、なべ料理です。二つ目は一つの料理を下げた後に、次の料理が出るという形で、流れる水のように出てくる料理で、つまりコース料理です。

　　例2是介绍洛阳水席的一段话，里面出现了"洛阳水席"这个文化名词。即便是中国人，"洛阳"这个词大家都熟悉，但"水席"这个词可能大部分人都不了解甚至没听过。对于日本人来说，听起来就更费解了。因此，作为译员也要认识到这一点，在第一次提到"洛阳水席"时，如果原语未对"洛阳"和"水席"解释到位，我们要根据自己译前查找的背景知识进行简洁的补充说明。

　　译语1中完全依照原语进行翻译，对于"洛阳水席"也是直接根据汉字的日语读音译成"洛陽水席"（らくようすいせき），对于"洛阳"和"水席"这两个词没有进行任何说明。对于不了解中国地名和饮食文化的日本人来说，听到"らくようすいせき"，根本无法理解其意义，即使后面对"洛阳水席"包含的两个含义进行了解释，听起来也还是一头雾水。事实上也是如此，日本老师在提问环节表达了对"らくようすいせき"的不解，我们又进行了一番解释说明，老师最后才明白"らくよう"是地名，"すいせき"是一种料理名称。

　　而译语2中，根据译前了解的背景知识对第一句进行了适当加译，译为"今日は「洛陽水席」と呼ばれる唐の都の一つで、東都の洛陽という町ならではの名物料理をご紹介いたします"，表明了洛阳是一个地名，洛阳水席是当地的一种名宴，将"洛阳水席"的性质交代清楚了，并且考虑到日本人对中国唐朝的历史文化可能会有所了解，对"洛阳"进行了加译，译为"唐の都の一つで、東都の洛陽という町"，更便于日本人理解。"「水席」は「水」と「宴席」の「席」と書きます"这句话考虑到日本没有"水席"，对"水席"两个字的写法也进行了简要说明。最后一句"つまりコース料理です"也是根据前面介绍的洛阳水席第2种意思，对其进行加译，有助于日本人对洛阳水席第2种意思的理解，且不违背原文意思。

（二）汉语成语、谚语、俗语的口译技巧

汉语成语、谚语、俗语是语言中经过长期使用、锤炼而形成的固定短语，简短精辟、生动形象、通俗易懂。中国人在说话时也喜欢引用这些精炼的短语丰富自己的语言，简洁形象地表达意思。作为中国人，自己平时听到这些短语，能立刻理解其要表达的意义，不影响交流，但要将其当场译为日语却没那么容易了，特别是自由发言的情况，发言者在说话时引用的成语、谚语、俗语都可能是随机的，译员对于要讲的内容无法进行任何准备。

我们在翻译这些短语时，总想要保留原语的形式，尽可能使译文能表现出原语的特点，想要译出汉语原汁原味的美。但这样一来，容易造成过于拘泥于原语形式，忽略了译语是否符合日语表达习惯、日本人能否接受和理解。虽然汉语成语、谚语、俗语非常具有中国语言文化特色，语言外壳的形式固然也重要，但口译是瞬间的，也是一种跨文化交际行为，口译的首要目的是帮助双方排除语言、文化差异带来的障碍，让双方互相理解对方所表达的意思，帮助双方交流有效顺畅地进行下去，语义的正确传达才是第一位的。

当然，日语中也有一些谚语、惯用语来源于汉语，也有些是日语中原有的，表达的意义与汉语的一些成语、谚语、俗语相同或相近。如果我们对日语谚语、惯用语很熟悉，口译时能信手拈来也可以，但有些日语谚语、惯用语一般日本人可能也不熟悉、不怎么使用，对方听的时候可能也无法立刻明白。因此，在知识有限、经验有限的情况下，对于这类短语的翻译，最保险、最有效的做法是根据上下文，用地道的日语解释其在句中的意思，让自己的译语通俗易懂，便于理解。下面结合案例具体说明。

【例3】

原语：她用一句中国古语"读万卷书不如行万里路"鼓励美国学生来到中国，中国学生走出国门。

译语1：彼女はひとつの諺を利用して、その諺は「万巻より、万里の道を歩いた方がいい」。彼女は中国とアメリカの学生の交流を深めることを励ました。

译语2：夫人は「多くの本を読むより、たびをした方がもっと勉強になる」という中国の諺を引用して、アメリカの学生は中国へ留学したり、中国の学生はアメリカへ留学したりすることを勧めました。

例3中出现了"读万卷书不如行万里路"，译语1直接对照原语将其直译成"万巻より、万里の道を歩いた方がいい"。首先，从语法上来看，"万巻より"翻译得不完整，应改成"万卷の本を読むより"，整句话为"万卷の本を読むより、万里の道を歩いた方がいい"。尽管从语法上来看，这句话已经没有问题了，也能看懂，但这是口译，口译是语言的交流，而不是看文字，我们要考虑到日本人能否听懂。"万券（まんがん／ばんかん）"和"万里（ばんり）"这两个词虽然日语中有，但不是一般的日本人常用的词，当听到"まんがん／ばんかん"和"ばんり"时，一般的日本人可能就觉得一头雾水，不明白是什么意思。因此，口译时要考虑到这些，直接按照字面意思直译的话，对方很难理解。

译语2充分理解了原语所要表达的意思，并考虑到日本人对这句中国名句不了解，在此基础上将"读万卷书不如行万里路"译为"多くの本を読むより、たびをした方がもっと勉強になる"。"读万卷书"通俗地讲就是多读书，读很多书，"行万里路"则可以理解为多出游，走出国门，开阔眼界，增长见识。经过充分理解原语意思基础上的译语没有被汉语的语言外壳所拘束，没那么文，也失去了这句名句原有的美感和韵味，但更加日常化，更加简单易懂，便于日本人理解，能使双方交流更加有效。

【例4】

原语：有钱能使鬼推磨。

译语1：お金あれば何でもできます。

译语2：冥土の旅も金次第という中国の諺があります。お金さえあれば何でもできるという意味です。

译语3：地獄の沙汰も金次第。

例4中出现了谚语"有钱能使鬼推磨"，形容有了钱，什么事情都能办到，金钱万能。译语1是当时译员的现场译文，能表达出原语要表达的意义，而且通俗易懂，不足的是语法上还存在小缺陷，改成"お金さえあれば何でもできます"即可。

译语2是译员自我校对修改后的译文。译员利用工具查找到了"有钱能使鬼推磨"日语说法的一种，先将其译为"冥土の旅も金次第という中国の諺があります"，再对其意义进行通俗地解释。译员想要告知对方，原语引用了一句中国谚语，来表达"有了钱，什么事情都能办到"。译员在口译中想要体现中国的语言文化，这一点是可以理解的。但是仔细推敲"冥土の旅も金次第と

いう中国の諺があります"这句话就会发现，这句话是有问题的，因为"冥土の旅も金次第"是日本的谚语，只是中国谚语"有钱能使鬼推磨"的对应日语说法。并且"冥土の旅も金次第"在日语里不常用，日本人听到"冥土の旅も金次第"，可能会觉得奇怪，未必能当场反应出其意思。

译语3就没有刻意说明原语引用了中国谚语，而是将"有钱能使鬼推磨"直接译为日本人较熟悉的日本谚语"地獄の沙汰も金次第"。这样既不失语言的趣味性，又能正确传达原语意思。可见，口译与笔译不同，口译注重的是即时交流，要有跨文化交际意识，要考虑到日本人能否接受和理解汉语的语言文化和特色，我们不是特意为了向日本人传达中国的语言文化、语言魅力，而是为了让双方的交流顺利进行，没有必要向对方刻意说明原语引用了汉语成语、谚语、或俗语。如果当场能将其翻译为对应的日语说法，保留语言的趣味性，是最好的，但如果我们知识有限，或是当时紧张无法立刻想到合适的日语说法，那么将其含义用地道的日语准确翻译出来，让日本人正确理解也可行。也就是说，这已达到了口译的基本要求：达意。

【例5】

原语：可能我说这些都是纸上谈兵，我想象中应该这样做，但可能实际生活中，也会遇到很多变化或不同的问题，我觉得老师也没必要过分担心，就是用真心跟孩子交流和教育孩子，我觉得结果一定会是好的。

译语1：さっき、話したことはたぶん自分の考えだけですが、実際にはいろいろな事情や問題が出るかもしれないので、先生はあまり心配しなくてもいいです。ただ愛を持って、心から子供を教育すればいいです。

译语2：先ほど話したのは全部「畳水練」かもしれません。実際にはいろいろな変化や問題が出るかもしれないので、先生はあまり心配しなくてもいいです。ただ心を込めて、子供と交流し、子供を教育すればいいです。

译语3：先ほど話したのは「机上の空論」／全部理論的なこと／ただの教育論で、実際にはいろいろな変化や問題が出るかもしれないので、先生はあまり心配しなくてもいいと思います。心を込めて、子供と交流し、子供を教育したらいいかもしれませんね。

例5中出现了汉语成语"纸上谈兵"，指在纸面上谈论打仗，比喻空谈理论，不能解决实际问题。译语1中，由于译员当时没有立刻反应出"纸上谈

兵"该如何解释，情急之下结合上下文意思将其翻译为"自分の考えだけで
す"，比较模棱两可，没有完全表达出"纸上谈兵"在整句话中的含义。

译语2是译员自我校对修改后的译文。译员查阅词典找到了"纸上谈兵"
的日语说法的一种，将其译为"畳水練"。但是，日本老师讲解时，告诉我们
一般日本人可能不常用"畳水練"，听到这个词可能也无法明白其意思。

译语3是日本老师修改后的译文。日本老师提示了"纸上谈兵"的3种译
法，分别为"机上の空論"、"全部理論的なこと"、"ただの教育論"。
"机上の空論"是日语中与"纸上谈兵"意思相同的日语惯用语，是日本人常
用、能听懂的，以日语惯用语译汉语成语，保留了语言的生动和趣味性。"全
部理論的なこと"是对"纸上谈兵"含义的正确解释。"ただの教育論"是联
系上下文内容，结合整个谈话话题，解释了"纸上谈兵"在这段话中所要表达
的意思，更易理解。这3种译法都是可取的。不过笔者认为，译成"ただの教
育論"是最好的，没有拘泥于"纸上谈兵"这个词，既包含了"纸上谈兵"的
意思，又结合了话题内容，表达了其在句中的意思，更加便于日本人理解。

第二节　综合实践活动中口译技巧分析

一、口译表达的技巧

（一）节奏与音色

译员的嗓音应该洪亮而和谐。译员应该像教师、演员那样，有一副好嗓
子。因为译员到达口译现场之后，需要长时间地讲话。会议翻译时，会场里的
音响效果往往不太好，还要使每一个角落 里的人都能听到。再加上大厅里吸
烟的人很多，空气混浊，许多 听众对所使用的语言又不甚懂。这一切都要求
译员的嗓音要洪亮而和谐。而且还必须事先认真作好口译准备，口译过程中必
须谨慎小心。

译员应该注意爱护自己的发声器官，注意预防感冒，注意肺部和呼吸器
官的健康，不要在户外大声喊叫。译员应该向声乐教员求教：怎样才能使讲话
的声音大而又不太费气力？怎样才能通过调整讲话音量达到休息的目的？当有

些听众离自己较远，听不清时，自己怎样既能提高嗓音而又不使自己太累。

译员讲话的音色好与坏，同样也很重要。如果译员嗓音混浊沙哑，或者是尖声刺耳，或者是矫揉造作，都会引起听众的反感。译员还应该注意讲话的节奏。不能忽快忽慢，也不能气喘吁吁，而应该安静稳重。音色优美、节奏适宜的译员，往往从一开始就会给听众带来好感，得到听众的好评。因此，口译人员绝不应该忽视自己在嗓音和节奏方面的欠缺。

口译人员应该尽可能掌握完美的讲话艺术，特别需要注意的是，在一个字或一句话结束时不要任意降低语调。要随时注意听众的反应，特别要注意与讲话内容有关的那些听众的反应。如果发现有人听不太清楚，或者听不懂，译员应立即提高嗓音，放慢讲话速度。对讲话中的主要部分，要一个音节一个音节地念清楚。要注意多用简单字句、少用成语。情况允许时，还可重点作些简单归纳，帮助听众理解。如果发现有关听者在作记录，译员可以放慢速度，以便于听者记下其中的数字和主要内容。如果发现某 有关听者因故漏听了某段内容，译员可主动再重复一遍。如果发现某有关听者因故暂时无法听讲，译员甚至可以暂时停一会儿，然后再继续翻译。

（二）手势和语调

口译人员语调是否恰当，对口译工作的成败有很大关系。译员必须细心观察、注意分寸，才能做到语调适宜。其中有两种极端表现，译员应注意避免。

一种情况是，译员的语调呆板、平淡、毫无生气。用这种语调翻译，会使听众厌倦，会使讲话人及其朋友感到愤怒。再精彩的讲话经过这么一翻译，也会显得内容贫乏，平淡无味。再热情 的听众听到这样的语调，也会感到死气沉沉、大失所望。

另一种表现是，译员的语调异常丰富，声嘶力竭，并且手舞足蹈。这样的译员可能会使对会议内容毫无兴趣的某些听众发笑，但有损于自己的威望和尊严，辜负了演讲人的信任。

一般说来，译员讲话时要比原讲话人的语调稍微平淡一些。译员与演员不同。作为演员，他在朗读剧本时，需要根据不同的角色不断改变自己的语调。译员则不同，译员应该尽可能避免这 种做法。

译员在使用手势时要审慎稳重。有的讲话人性格暴躁，演讲时拍案强调讲话中的某些内容。但如果口译人员也用同样方式，那只会引起哄堂大笑。因此，两者的效果截然不同。译员如果再模仿讲话人的其它手势，效果将会更坏。

如果讲话人因受本人某些条件的局限（比如本人过于腼腆、语言水平不高等），讲不出他所要讲的全部内容。或者无法完美表达自己的想法时，译员可根据原意，对讲话的译文略加整理修饰，使语意表达得更加完整而准确。

译员语调的选择要根据所参加的有关翻译场合来决定。译员的工作对象很多，可能是国际会议，也可能是国际学术会议或贸易谈判，还可能是记者招待会或盛大的欢庆宴会，或是为几个人的旅游陪同翻译。显然，译员在各种不同场合所使用的语调应是完全不同的。

（三）讲话的风格

口译过程中，与讲话语调同样重要的还有讲话的风格问题。如果演讲人讲话的风格华丽而文雅，他就必然希望译文也优雅。尤其在日语中，场合不同，是使用敬语还是普通的说法，是用敬体还是用简体，是使用演讲体还是普通的口语，都因讲话人而异，因场合而异。一名豪放的工人代表，由于生活环境之故，谈吐粗豪坦率，那么，口译也相应地要求译员也豪放直爽，绝不能因为是重要场合，而将原话译得文质彬彬。因此，口译人员不要仅仅满足于译文的准确性，而且还要尽可能完美无缺地保持原讲话的风格。

然而，这并不等于说译文毫无灵活的余地。在某些场合，译员不仅可以对原讲话风格稍加改变，甚至还必须严加修改。比如说，汉语中喜欢用一些形容词，使讲话显得华丽，但如原话译入到日语中去，便会使听众感到滑稽可笑，空洞乏味。某些演讲人 有时不能控制自己，讲出了某些粗话。如果译员在翻译过程中，能将语气稍加婉转，就会好些。这些都是口译中必须重视的问题。

总之，讲话的风格和讲话的语调一样，都要遵循下面这条原则：凡遇到有明显背离常态的风格和语调时，应采取适中的分寸。

（四）人称的使用

口译过程中，到底使用第一人称还是第三人称呢？有些译员喜欢用第一人称，有些人则喜欢用第三人称。那么，究竟用哪一种人称比较合适呢？我们认为这两种人称都各有利弊。

使用第三人称（即用直接引语）需要加许多人称代词、连词等部分，往往把译文搞得烦琐冗长。使译文反而失去了原讲话中明确、生动、犀利和有说服力等优点。

但是，有些时候又不能完全避免使用第三人称。例如翻译一场辩论会，由于大会主席领导艺术欠佳，会议主持得不好，发言一个接着一个，译员没有一点儿空隙时间。在这样的情况下，译员便只好用第三人称。此外，有的时候，讲话人对译员提出批评，而译员仍保留和坚持自己的意见，这也需要使用第三人称。这时候译员可以说："演讲人（或某某先生）认为我刚才翻译得不好，可是实际情况则不然"。

按照惯例，在翻译工作开始前，译员首先要通报讲话人的国籍、所属单位和姓名。这已成为一条原则。但如果是开小型会议，所有与会代表互相都很熟悉，译员再作这样的介绍便显得滑稽可笑了。

（五）间隙和停顿

各种口译工作都要避免有间歇。

同声传译过程中，特别是通过电化设备传译时，一旦译文有间歇，尽管这种间歇可能是由于演讲人稍微喘口气等原因造成的，译员本身毫无责任，可是听众仍会误认为是译员漏译了某些东西 而感到不安，甚至会怀疑下文译得是否正确。

口译过程中若遇到困难，无论是口译记录不清楚需要时间去辨认，还是需要等待演讲人的下文，都最好不要有间歇，可以继续讲些无关重要的内容。比如说，可以换种方式重复 一下前面讲过的东西，或者改正前面错译之处。也可以使用诸如"在此情况下""紧接着我刚才讲过的，还有……""我想就这个重要内容再补充几句，或许不是无益的""关于这 个问题，我认为……""在我们讨论的范围之内……""有关我的这个问题……""我想……"等一些关联词来拖延时间。一般说来，尽管绝大多数讲话都充满了大量的关联词（只要听听录音磁带，便可以明显感受到），但广大听众对此并不感到意外或反感。

口译过程中严禁到处使用"嗯……嗯……"或"这个……这个……"等口头语。虽然有些杰出的演说家有类似的习惯，但在译文中却应予以排除。

译员应该重视讲话人开头的几句话，一定要很快译出，一定要避免从一开头就让听众等待译文。因此，译员应该按顺序拿好口译记录稿。如果是记在单页上，就应该按讲话类别分开放置，不要混放在一起，也不要记在单页的背面。每个单页都应该标上页码。每一篇讲话都要从第一页起单独编号。不要把几篇讲话记录都放在一起连续编号。那样做会把记录搞乱，很难找到每篇讲话的开头部分。

口译人员不要讲半句话便中途停顿下来。这是因为，在同声传译过程中，时常由于讲话人话未讲完，或者插入许多题外话，或者随意颠倒语法结构，造成整个讲话语意不明。而这些语意不明的责任却毫无例外地全部推到了译员的身上。因此，译员应以妥善的方式把那些半截句子都补充讲完。

交替传译时，最好的办法是尽量避免使用太长的句子，尽可能少用引语及插入语。

（六）译文的长度

口译时，除非某些例外，一般译文的长度都不应超过原文长度的四分之三。译文若比讲话原文还长，便构成口译的职业性错误。

其主要原因是；

1.译员的讲话速度要比演讲人原有速度略快一些。除非某些代表由于语言障碍，提出要求译员放慢讲话的速度，才可适当放慢。

2.译员不像讲话人那样，因为需要考虑下文或选择词语而停顿。

3.译文中要去掉许多原文中用处不大、在书面语中均应去掉的零碎部分。

4.译文中可以大量压缩原讲话中的客套话。

5.译文中可以省略演讲人无意中重复的部分。

但在某些特定场合，译文应与原文保持同样长度。译员应随时准备按照规定时间进一步压缩译文。当大会主席要求译员要按原讲话的三分之二时间译出全文，甚至要求按二分之一、四分之一甚至于十分之一的时间概括译出全文时，译员不应有任何反对的表示。

正像人们所希望的那样，按照某种比例压缩译文已经很自然 地成为会议的惯例，译员应该按照事先规定的时间、比例将讲话 去芜存菁，并适当加以组织，使之成为一篇完整统一的讲话气。

如果译员事先并不知道需要压缩译文，只是因为演讲人的话过于冗长，远远超过了预先规定的时间。大会主席只好耐心等待 他讲完，立即要求译员压缩译文。这时，译员也只好边看口译记 录，边逐步分门别类加以处理。其中，最重要的内容可以摘要译出。那些可有可无的部分，则应干脆删掉。

译员应该通过有规律的训练，逐步熟悉和掌握上述这两种不同的情况。口译学校只训练学员熟悉和掌握翻译全文的本领，而不注意训练学员熟悉和掌握压缩译文的本领，这对口译训练来说 是一个严重欠缺。

同声传译过程中，译文的长短应和原文大体相同。这里需要特别指出的是，即便译员由于开始时比讲话人慢一两句，结束时也可以慢一两句，但绝不要拖得太长。如果原讲话结束后好久，译文才结束，往往容易给会议造成混乱。

还有另外一种特殊情况需要加以指出的，这就是，为了正常地表达同一内容，用某种译入语时，可能要比原讲话所用的时间更长些。于是，译员被迫面对两种抉择：或是压缩原文，摘要译出讲话内容；或是保留原文，以很快的速度（甚至快得连听众都难于听清）译出讲话的全部内容。这两种解决办法，当然还是以 第一种为好。但同时应该注意，译出原讲话中的全部重要内容，只是去掉那些无关紧要的部分，以便于听众能够完整地理解讲话人的观点和意见。同时，译员还应想办法让讲话人明白，他们把话讲得慢一些对他们自己有好处。只有这样，才有可能把他们的话译得更完整。

（七）错误的补救

口译人员，甚至是最优秀的口译人员，都会有错译之处。大体可分为以下两种情况：

1.译员本人首先发现了错译。他便应该立即找个适当时机加以纠正。甚至从表面看来是无关紧要的小错误，也应该马上纠正过来。否则，听众当时虽未觉察，但过了几小时，甚至几天以后，便可能构成误解或严重错误，需要用大量时间大费唇舌来加以纠正。因此，译员绝不可以为了爱面子或维护所谓的"自尊心"而掩饰自己所犯的错误。

2.某一会议参加者首先发现了译员错译。该参加者无论是当场提出纠正，还是全文译后再提出来，译员都应接受。甚至别人对无足轻重的小缺点提出批评时，译员也应虚心接受，同时简单地表示谢意。绝不要向提意见者解释，更不能与之争论。

至于有人对译员的翻译质量的指责是错误的，译员面对这种错误的责难应持正确的态度。此外，译员还应该记住，口译工作的主要目的不是为了单纯追求所谓的"准确翻译"，而是为了帮助别人听懂讲话人所要表达的内容。因此，当原文已准确译出后，发现由于某种原因，原讲话仍然难于理解时，译员便应该主动地把所译的内容再简单明了地概述一遍。

还有一个较难处理的问题，就是在一起的其他译员发现正在工作的译员有了明显错译，可能会因此而造成混乱或误解时，绝对不可以随便干预。这和其他事情一样，有一条总的原则，就是每一个人都应该对自己所承担的工作负责。正在工作的译员如果真正译错了，应该由他自己负责。在旁边的口译人员如果立即公开对正在工作的译员的某些译法提出批评或修正，将是非常不适宜的。这种做法本身便是一个错误，是一种很愚蠢的做法。因为两名译员听到同一段话，可能各有各的理解。谁也不能主观臆断，说别人的译法就一定不对，自己的译法就绝对正确。如果在旁边的这位译员的意见恰巧不正确，公开发表以后，岂不反而给会议增添麻烦，造成会场的混乱吗？因此，较好的解决办法是，在旁边的这位译员把自己认为不准确的地方简明扼要地写在纸上，递给正在工作的译员，由他自己去决定是否需要加以纠正。如果问题至关重要，又无法写字条递给正在工作的译员，则可以把写好的字条交给大会主席或有关人员，但口气也应缓和。可以写作："某某代表先生刚才讲的意思，是否不是……，而是……？"条子转到有关领导人手中以后，便可由他决定处理的办法。他可能会提醒正在工作的译员注意这个问题，也可能认为问题已经过去，就算了。

二、同声传译的技巧

在翻译工作中，同声传译和交替传译之间，如同交替传译和笔头翻译之间一样，存在着许多差别。同声传译要求反应迅速，没有任何思考的时间，不能向任何人请教，也没有任何修饰句子 的可能。译员受讲话人的支配，重复着讲话人的每一个错误想法和说法。而且由于自己的错误想法，又能增添新的错误。本书各节中所谈到的各项建议和各种方法，都旨在克服译员在翻译过程中所遇到的困难，但对解决演讲人的缺点错误，却无能为力。而在交替传译过程中，有时虽然演讲人的水平不太高，但译员却往往有可能把讲话译得很漂亮。因此，同声传译人员要尽最大努力少犯错误，并尽量修补原讲话的不足之处，以期得到较好的效果。

至于谈到同声传译的特殊技巧，我们要讲的内容并不多，其中有些还与讲话艺术有关，现简述如下：

1.译员应该牢记，任何时候都要与话筒保持适当的距离。只有这样，才能保证听众用耳机收听译文时感到很舒服。这一点，译员自己体会最深。当讲话人离话筒时近时远时，译员听起来便会感到很吃力，感到很不舒服。因此，译员自己便须注意，没有任何理由再以同样的烦恼去折磨自己的听众。

2.译员最好离话筒近些，说话声音轻些。这样做，要比离话筒较远，说话声音较重的效果更好，听众会感到更舒服。

3.翻译时，语调要平稳，不要忽高忽低。这样并不是说讲话要单调。

4.译员讲话的速度要和讲话人的速度保持一定的距离，不要跟得太紧。通常的做法是保持半句之差。有经验的同声传译人员一般都比讲话人慢一句左右。

5.在讲话人列举统计数字或国家名称等专有名词时，译员要紧紧跟上讲话人的速度，尽量保持最小的距离。通常的做法是保持一个数字或一个专有名词的距离。

6.如果讲话人引用了一大堆数字，译员来不及译出时，最好在纸上边听边记下来。

7.遇到不懂的句子被卡住时，最好的办法是把它跳过去，不要因一句话没有听懂而影响整个下文的翻译。

8.若遇到某个字或某个词组译不出来或一时找不到准确的译法时，不要因此而耽搁，可以换个相近的词，或者是换个说法迅速译出，以免妨碍下文的翻译。

9.如果译员有句重要的话没有听懂，恰好又是几种语言同时进行翻译，在设备条件允许的情况下，自己又能够听懂其他语种的译文时，便可借助于他人的译文搞清自己未懂的地方。但这样会影响自己听讲话的下文，因此也有不利的一面。

10.译员尚未听到句子的结尾之前，特别是如果这句是否定句，则可把句子的前半部分译得含糊些，或者加些"关于这个问题""就这一点而言"之类的话。尽管这样做会使人感到译文烦琐 冗长，译员却可借此延迟机会听清后面的主要动词，以搞清肯定 句还是否定句。当然有时一句话讲得较长，中间又加了不少插入语，最后句子的结尾却是"我同意"或"我反对"这样，也就只能照译了。

11.译员在同声传译过程中往往因为在"准确""通达"与"优美"之间一时难于作出决断而陷入困境。凡遇此情况，无论后果如何，译员都首先应考虑译文的准确性。

12.同声传译比交替传译更要严防"假朋友"以假乱真。这是因为在中文与日语之间的某些词形完全一样或非常相似，而词义却完全不同。译员对这类词应有所警惕，尤其是在高度紧张、疲惫不堪时，更须多加小心，切不可鱼目混珠。

13.口译人员在同声传译的长期实践中，应经常不断地记录下自己的译文，以便于事后研究，找出犯错误的原因，不断总结经验，提高翻译水平。这一点同样也很重要。因为有些错误，自己当时并不知道，若事后再不总结，就可能一误再误。

三、口译准备的技巧

口译任务与其他的语言活动有很大的不同，口译任务的成功完成，不仅与译员的双语能力及口译技巧有关，而且与译员的言外知识及心理素质也同样大有关系。对于译员来说，扎实的双语能力和良好的心理素质是必备的基础，口译技巧是口译顺畅进行的保证，言外知识则是口译交流的目标能达到何种程度的尺度。从实践中我们能深切体会到，译员的传译是否"到位"，与译员对口译主题的知识了解程度和熟悉程度有着很大的关系。

（一）口译背景知识的储备和准备

译员在自己的口译生涯中应始终牢记不仅要依靠自己扎实的双语功底来完成口译任务，而且要有意识地调动自己头脑中的背景知识把每一场口译做好。译员的背景知识对口译的作用主要体 现在以下几方面：

1.已有的背景知识能影响译员对信息的注意和记忆

感觉存储的信息中只有受到注意的信息能进入记忆。具有背景知识，译员就会把听到的新信息与已有的知识联系起来，因而会对输入的新信息特别敏感，注意力也就能高度集中，并能从正确的角度去理解并记住信息。

2.背景知识的图式能影响译员对接收到的信息的推理

根据认知心理学的研究结果，背景知识的图式有助于认知推理。例如，如果译员听到"房子"一词，他们便会利用头脑中的图式推断，听到的"房子"多半是用木料或砖建造，有墙壁、门、窗等。

3.背景知识能影响译员对信息的处理速度

作为外语学习者，许多人都有过这样的学习经历：不管是阅读还是听解某个语段时，如果对其主题以及主题相关的背景知识有所了解，理解会容易得多，而且快得多。由此可见，背景知识因素能影响句子理解的难易程度，进而影响信息处理所需的时间。从我们作为口译员的经历和经验来看，译员应该对某些领域的知识有深刻的了解，了解得越深，口译任务就有可能完成得越好。而要做到这一点，是与译前准备所做的"功课"分不开的。

译员知识模块的准备可以从两个方面来进行：一是坚持长期的知识储备，包括各个方面的百科知识以及自己经常从事口译的某些领域的主题知识；二是接到口译任务时进行以任务为导向的准备，主要是针对任务的主题知识的准备。

（二）接到口译任务后的口译准备

从前文的论述中，我们充分意识到，口译的成败在很大程度上取决于译员的口译准备工作。那么，接到口译任务后译员该进行哪些方面的口译准备呢？

我们结合自身的口译实践经验进行了总结，口译前的准备可以从以下几方面着手。

1.准备资料

在接待较重要的团体、人物时，事先要对该团体的情况，或该人的身份、姓名、经历等做尽量多的了解，要把握其整个行程，由哪里来，到哪里去，来访的目的是什么，搞清楚该团或该人曾经访问过或预定访问的人的姓名、地点的说法，不懂的内容事先查好或找人请教。因为有时讲话人要介绍自己的行程、访问的地点等，而对于人名和地点等固有名词，如无准备则容易出现漏洞，讲话人还往往在讲话中对对方的有关部门表示感谢，所以口译人员应该清楚讲话人的所在部门以及有关的各部门，这样，即可做到心中有数，方寸不乱。

例如日本人的姓名比较难读，所以，在接待日本的团体客人时，事先要拿到团体名单，并尽快地找到团长或干事，搞清每个人的姓名的读法，然后这份名单应带在身边备用，因为在最初的会见场合或宴会上，双方领导常向对方介绍自己方面的出席人员，由于人多，译员很难将人员一一对应记住。所以只能依靠这份名单。对于中方出场人员的姓名、职务等内容，也要事先搞清、译好。

2.做好身体和心理的准备

口译是高强度的脑力活动，译员在工作前应注意充足的睡眠和休息，以确保口译中的精力充沛。在心理方面，应调整好心态，口译准备中越细致越好。译员了解了自己将要担任的口译工作，确认了角色，熟悉了原稿、资料、人名之后，还应当对自己将要应对的场合、接触的内容进行事先预测。对于可能出现的句子、单词、表达方式做好准备。这里，为了确保口译的成功，译员可以站在讲话人的立场，事先打一个腹稿。例如，在XX市政府年终宴请在华工作的日方工作人员的宴会上，主办方可能会讲以下内容：

"在过去的一年里，各位远离祖国，远离亲人，为了中国的发展付出了辛勤的劳动。我谨代表XX市政府以及全市人民向各位表示衷心的感谢，同时预祝先生在新的一年里，身体健康、工作顺利、全家幸福"等等。

在中日合资工厂奠基典礼上，则会首先表示对政府以及社会各界的感谢，然后祝贺单位表示祝贺，中日双方主人和客人讲话等等。同时表示要与对方密切合作，携手并肩，共同努力，展望未来，预祝合作成功等。

尽管在措辞、表达或顺序上可能略有不同，但中心内容确定后，就不会离题。因此，口译人员只要不懒惰、事先开动脑筋，在心中做好充分准备，将大致用得着的常用语句、词汇、表达方式从记忆的仓库中提出来备用。如原来没有储备，则通过事先查找资料或向别人请教，都应当顺利完成任务。

3.做好译员装备的准备

译员的装备相当于士兵上战场用的武器，试想，士兵上战场忘带武器或者临时发现武器有问题，后果是不堪设想的。译员的装备对于译员也有着同样重要的作用。译员的装备包括：笔记本、笔（两支以上）、便携式词典（如电子词典）等。

4.准备得体的着装

译员的着装应适合口译现场的场合，但不宜过于鲜艳或显眼，以免喧宾夺主，"盖"过发言人。

5.熟悉口译场地及设备

鉴于会议现场口译的原语和译语都是通过电子设备来传递的，尤其是同声传译中同传设备的工作状况将直接影响口译的效果，译员一定要事先了解口译工作设备的操作和性能，以免到时影响自己的口译，耽误会议进程。

6.了解发言人及听众

会前争取与发言人见面，了解发言人的语音、语调、口音、语速和风格。了解听众情况，是技术专家、领导人、还是普通听众，以便有针对性地选择合适的译语表达方式和风格。

（三）现场口译的要领

1.实战口译的要求与笔译有很大的不同，不能完全按照笔译的做法，而要尽量顺着译。要想在口译中做到顺着译，一种有效的方法是练习使用一些同声传译中的断句技巧。

2.态度要镇定、从容、自然，精力要高度集中，在翻译现场操作前，译员有时会出现麻木状态或大脑中产生空白，讲话人已经开始讲话后，译员的大脑尚未启动，未进入工作状态，这种情况是十分被动的。所以，一旦进入口译现场，就必须全神贯注，不能三心二意。

3.不要拘泥于某一个词，某一句话。在口译现场，人们常想一词不漏地全部听懂，全部译出来，这是很难做到的；每个词、每句话、每个细节都立即搞清楚、完全理解的时候并不多见，因此，即使某个单词未能听清，也不必深究，必须立刻忘掉它，集中精力接收下面的内容，否则稍一踌躇思路中断，就会放过大量的信息，造成更严重的后患。

4.完全没有听懂的地方，特别是十分敏感、关键、重要的信息，如数据、数字、年代、对方提供贷款的数额等，必须搞清楚，有时要向讲话人确认，不能含混带过。因为这关系到译员的责任问题，出现误译或漏译，都会带来意想不到的麻烦。

如一段内容译员没有译完，讲话人又开始讲起了新的内容，译员应该把没译出的内容放在下一段的开头补译出来。

5.适时抢译。在口译现场，会遇见各种各样的讲话人，有的人善于讲话，善于应酬场面，经验丰富，也能与翻译配合，讲完一段之后，便停顿下来，留出翻译时间。也有的讲话人，上场后，自己便紧张起来，甚至顾及不到翻译的存在，讲话开始后，不留给翻译时间。遇到这种情况，口译人员要打断讲话人的讲话，进行翻译。这样做并非失礼。因为一般来说，都是讲话人讲一段，口译人员译一段，不可能全部讲完后再进行翻译。所以，译员打断讲话人的讲话、适时抢译，是在履行职责。但当讲话人讲了一大长段内容之后，再停下来，这时如不能及时译出，就是译员的失职了。如果再让讲话人重复一遍，往往令对方不快，这时讲话人不是考虑自己的失误，通常认为译员翻译水平不高甚至认为译员失职。

但是，译员也不宜抢译，抢断得过多过快，那样会打断讲话人的思路，也会令其反感。同时，由于断得过多，难以形成连续的思维，译员也不容易搞清讲话者的意思，听众也不适应。至于在什么时候打断最合适，每个口译人员应根据自己的记忆力、承受能力来决定，一般来说，可根据讲话内容，逐层次、逐段落译出。

（四）在口译听解中注意识别主题思想

口译理解的基本特征是分析综合。口译的进行必须依靠语音听辩和语法、语义、语用分析等，这样译员才可能用译语完成信息转换。译员的任务不是要逐字逐句地翻译原语讲话者的发言，而是传达原语讲话者的信息。要准确传达讲话者的信息，译员需要透彻理解原语。译员对原语信息的理解并不是单纯地从语言积累中搜寻同原语相对应的目的语，而是对原语信息的整体把握。基于口译过程的以上特点，译员在主题思想识别方面的意识就显得至关重要。口译中的主题思想识别主要从句子和篇章这两个层面进行。

1.在句子层面上，译员要努力养成听解句子时抓"主干结构"的习惯，所谓"主干结构"，就是指句子的主、谓、宾语等表达句子主要意义的部分。

2.在篇章层面上，首先要养成对发言者的立场观点进行背景调查的习惯，其次应强调对各种文体逻辑顺序的熟练把握，培养预测、印证、再预测、再印证的技能。

篇章层面的主题思想识别是口译理解过程中一项行之有效的方法，译员应注意熟悉口译中典型的六种主要话语类型：叙述言语体、论证言语体、介绍言语体、礼仪言语体、鼓动演说言语体 和对话言语体，这六种语体类型的主题思想都有各自鲜明的特征。 例如，论证言语体可根据逻辑关系分为演绎性和归纳性两种，分别有着各自的逻辑顺序。从论证方法上又可分为两种：一种是直接提出论点。先提所要阐述的论点，引用论据来驳斥反方论点和 论据；另一种是把正反两方论点都提出来加以比较，从而得出结论。

但是，日语是一种极其模棱两可的语言。日语中明明有"不"这个否定词，但日本人却尽量避免使用，日语中也有直截了当的 "拒绝"，但日本人却喜欢让其成为弦外之音。日本人常常掩饰自己的观点，讲话习惯拐弯抹角或客气，经常期待对方来理解自己，很多情况下，即使心中不高兴、不同意，也不直截了当地说出来，害怕伤了对方的面子。这种日本人的礼貌，常令许多中国人和欧美人士感到难以捉摸。

在谈判场合，日本人有时也采取这种含糊的方式，以守为攻，窥视对方的动向，逼对方先摊派，以占据主动。例如，第二次世界大战的战后初期，美军曾向当时的日本内阁提出一项提案，日本方面心中反对，但又碍于面子，便答道："最善在尽！"这句话在日本人听来是"尽量做吧"的意思，但译员按美国的方式来理解，译成了"我们会做到最好！"，而后来美军发现日方并未实行，提出质疑后才发现是在翻译上出现了差错。

日语的这种模棱两可的特性，给不懂日语的特点、不了解日本民族性格的外国人学习和使用日语带来了障碍，也由此产生了许多文化摩擦。因此，一个口译人员必须了解日语的这一特点，翻译时要根据对方的态度、场合等因素进行综合分析，听懂、理解讲话的主题，搞清其真正的立场，才能圆满地完成口译任务。

四、公众演说的口译技巧

要想成为一名优秀的译员，首先必须是一位好的演说家，因此公众演说（public speaking skills）技巧是译员必须掌握的首要技巧。

参加会议的有些代表讲话水平低，犹豫、重复、啰唆等现象很多。但讲话人的错误、缺点可以原谅。因为大家感兴趣的不是他们讲话的技巧和口才，而是他们所讲出的内容。但口译人员则不同。口译人员应该是职业演说家，是专职的语言工作者。口译人员往往也引以为荣。因此，口译人员若也以同样的方式讲话，便得不到人们的谅解。

公众演说最基本的要求是要让现场的所有听众都能听得到、听得清楚、听得明白，因此，口译的公众演说技巧有以下七个要点：

1.口译中应吐字清晰，音量适中，声音自然，语调中肯。译员开头译的几句话对于赢得现场听众的信任有着特殊重要的作用，所以特别要说好。开口说出的句子一定要想办法说完整，不可半途而废、声音渐弱直至消失，也不应该回头重说或者不断地回头修正。

2.讲话时注意嘴巴与麦克风的位置和距离，根据声音效果灵活地进行调整。

3.确保听众能跟上并听懂自己的讲话，注意观察听众的反应来调整自己的语速。译到专有名词和头衔时应稍稍放慢速度。发音要流畅，无赘音。口语表达应简洁、到位，遣词造句要让听众听得明白。若信息之间有逻辑上不能衔接的地方，或指涉不清楚者，要加以说明，使听者容易听懂意思。

4.讲话时适当保持与现场听众的目光交流。一个好的译员不应该只是埋头翻译或只盯着自己的笔记，他应该像一个演讲者一样，除了看笔记，还要偶尔抬头适当保持与听众的目光交流。

5.口译中一般使用第一人称，而无需转述，但在同时兼任会谈双方多人的译员时，需指明发言者身份。

6.做口译时少用或不用手势，表情不要夸张。即使出现口误，也不要做鬼脸或皱眉头，偶尔被人纠正失误，口译员应虚心接受。

7.听众对讲话鼓掌或哄笑时，口译员应适当停顿。

只有优秀的演员才能正确评价另一名演员的表演水平。同样道理，也只有杰出的演说家才能理解别人演讲中常易碰到的困难，才能了解别人讲话中所表现的巧妙、敏锐和聪明之所在，才能看穿别人讲话中的策略和所使用的"花招或诡计"。因此，译员必须是一名优秀的演说家。译员如果做不到"身临其境"或"设身处地"，如果不能对自己的工作对象了如指掌，便不可能理解讲话的真实含义，也就不可能把每个讲话人的讲话译好。所以，口译学员应该抓紧各种时机练习公众演说，练习表达自己的想法。

在正常情况下，连续翻译的效果应该比原讲话要好些。其原因有二：一是因为口译人员是"职业演讲人"。二是因为译员要等原演讲人讲过之后自己才讲。这对译员很有好处。演讲人在讲话过程中要注意选词造句、瞻前顾后、时而重复、时而根据听众的反应（例如听众的反对、惊奇、不懂、失望、赞同、鼓励等种种反应）不断地修正自己的讲话。如果能让讲话人把同样的内容再讲一遍，他也一定能比第一次讲得更好。这正是译员所处的有利地位。因为译员已经听过一遍讲话人的话，自己再经过组织，就一定可以表达得更好。

【综合实践活动方案案例】

在国际学术研讨会开幕式上主办方的讲话

尊敬的JTB集团的ＸＸ先生、

尊敬的JTB旅连事业股份有限公司及JTB中国股份有限公司的朋友们、女士们、先生们：下午好！

《中日旅游事业研讨会》经过浙江省旅游事业管理委员会、浙江旅游局的同仁一年多精心筹备，今天如期召开了。我谨代表浙江省旅游事业管理委员会、浙江旅游局表示热烈祝贺！并向到会的国内外各位专家学者，向支持和关心会议召开的日本国驻ＸＸ总领事馆和ＸＸ总领事先生，以及各有关单位的朋友们，表示热烈欢迎和衷心感谢！

改革开放30年以来，日本始终是中国旅游客源的第一大市场，同样中国也是日本重要的客源输出国，两国在旅游合作方面有着丰富的经验和成果，我相信今后也一定会有更广阔的发展前景。

随着我国国民经济的不断发展，国民收入的不断增加，国家政策的不断放宽，以及国际社会对中国的看法的不断改变，中国公民的海外旅游逐渐开放，同样赴日旅游也在逐步开放截至2007年底，中国大陆公民赴日旅游累计总数达94.3万人次。

中日两国人民的友好往来源远流长。中国的浙江省和日本的关东、关西、北海道、九州等地区长期保持着密切的合作关系，而且都在各自国家的经济发展中占有极其重要的地位。本次《中日旅游事业研讨会》举办必将进一步增进我们彼此间的了解，加深相互间的理解，扩大双方合作的可能性。同时，双方积极推动本次活动的举办，不仅体现了我们共同发展旅游业的美好愿望和期待，也体现了双方今后在此领域合作的可能性。当然，加强两国在旅游观光领域的合作，离不开今天在座的各位相关人士的理解和合作，在此，我衷心地希望能与各位日本的朋友们一起努力，加强合作，共同创造旅游业的美好未来。

最后祝研讨会圆满成功，祝出席会议的各位朋友身体健康！　谢谢各位！

翻译：

尊敬するJTBグループのＸＸ様、

尊敬するJTB旅行連事業株式会社及びJTB中国株式会社の皆様、女性の皆様、各位：こんにちは！

「中日観光事業シンポジウム」は浙江省観光事業管理委員会、浙江旅遊局の仲間たちが1年余り念入りに準備した結果、今日予定通り開催された。浙江省観光事業管理委員会、浙江省観光局を代表して熱烈な祝賀の意を表します。そして、ご出席いただいた国内外の専門家・学者の皆様、会議の開催を支持・関心を寄せてくださった日本国駐XX総領事館とXX総領事様、そして各関系机関の皆様に、熱烈な歓迎と心からの感謝を表します。

改革開放30年以来、日本は一貫して中国の観光客源の第一の市場であり、同様に中国も日本の重要な観光源の輸出国であり、両国は観光協力において豊富な経験と成果を持っており、今后もきっとより広い発展の見通しがあると信じています。

韓国国民経済が発展し、国民の所得が増え、国家政策の緩和して、そして、中国に対する国際社会の認識を変え続け、中国公民の海外旅行が開放、同じ渡日旅行も2007年末までは段階的に開放し、中国公民渡日観光累積総数94.3まん万人。

中日両国人民の友好的往来は長い歴史を持っている。中国の浙江省と日本の関東、関西、北海道、九州などの地域は長い間密接な協力関係を維持しており、それぞれの国の経済発展の中で極めて重要な地位を占めている。今回の「中日観光事業シンポジウム」の開催は、私たち相互の理解を一層深め、相互の理解を深め、双方の協力の可能性を拡大するに違いありません。同時に、双方が今回のイベントの開催を積極的に推進したことは、我々が共に観光業を発展させる美しい愿望と期待を体現しただけでなく、双方の今后のこの分野での協力の可能性も体現した。もちろん、両国の観光分野での協力を強化するのは、今日ここにいらっしゃる関係者の皆様のご理解とご協力が欠かせません。ここでは、日本の皆様とともに、協力を強化し、観光業の素晴らしい未来を創造していきたいと心から願っております。

　　最后にシンポジウムの成功と、会議に出席された皆様のご健康をお祈りします。ありがとうございました！

第三节　跨文化交际意识下的表达方式选择

一、日本人的群体意识与表达方式选择

　　在汉译日口译实践活动中，有关文化的词语翻译得准确与否会影响到日本人的理解。除此之外，目的语——日语表达方式的选择恰当与否也会对日本人的理解和感受产生微妙的影响。

　　日本民族是崇尚团队精神的民族，他们的群体意识很强烈，行为往往以个人所属的群体为基准。在这样的群体意识下，日本人不喜欢突出个人和自我，不喜欢与众不同。他们习惯于抑制自我，行为、观点与"大家（みんな）"保持一致。这种民族心理也反映在语言交流中，他们与人交流时不善于也不喜欢明确地、直截了当地表达自己的主张和见解，不会直接提出自己的愿望、要求。他们会更多地考虑、体察对方，避免与对方意见直接冲突，努力维持一种和气的谈话氛围，即使有自己的观点，也会采用间接、委婉、含蓄的表达方式。

　　而我们中国人不像日本人那样，事事以群体为基准抑制自我，而是突出自我，大胆表现自我。特别是现代中国社会中，与日本人相比，中国人独立意识强，敢于也善于表达自己的主张，说话倾向于直截了当的表达方式，中国人谈话时往往把"我"挂在嘴边，喜欢侃侃而谈发表自己的意见。

　　如果译员不了解中日这种民族心理和意识上的差异，没有形成跨文化交际意识，直接按照原语汉语，采用直接的、主张自我的表达方式，不作任何处理的话，译出的日语不符合日本人的习惯，会对日本人产生心理和文化上的冲击，让其觉得说话人太自以为是，有可能会令其产生误解和厌恶，从而影响交

流的顺利进行，也会让日本人对译员的日语水平产生怀疑。在口译实践课中，我们也出现了因缺乏这方面的意识，而导致的日语表达方式选择的错误。下面结合案例具体说明。

【例6】

原语：性格温柔，安静。

译语1：性格は優しいです。安静です。

译语2：のんびりな性格のせいかもしれませんが、よく落ち着いているといわれています。

例6是有关性格的自我介绍。"性格温柔，安静。"在我们中国人听来觉得就是描述自己的性格特点，没有明显的不妥。而译语1根据原语直译为"性格は優しいです。安静です"，这句话在日本人听来就会觉得不那么舒服，不符合日本人一贯的说话习惯和思维方式。他们会觉得说话人太过于直白，太突出自我。对中国文化和中国人性格有所了解的日本人也许会理解。但如果是对中国文化、中国人性格不了解的日本人呢？他们也许会觉得说话人跟自己不是一类人，跟自己性格不合，从心里产生一种抵触感，不愿意与对方交流。这样一来就使双方的交际产生阻碍。同时，说话的中国人事实上并没有自夸的意思，也不了解日本文化和日本人的性格特征，也浑然不觉得自己说话有什么问题。

说话的双方文化背景不同，价值观、思维方式也有差异，说话、交际方式自然也不同，潜意识中也都以各自的价值观、思维方式来判断事物。而双方的交流是借助译员的口译来传达的，这种情况下，译员的桥梁作用就显得尤为重要了。译员在翻译时要持有跨文化交际意识，熟知两种文化、语言的不同，遇到有文化冲突、可能会造成双方误解的地方，要灵活处理，译语要符合目的语的表达习惯。

译语2是日本老师修改后的译文。整句话没有明确、直接地说自己性格温柔、安静，而是采用较为委婉的表达方式，先用"のんびりな性格のせいかもしれませんが"对自己的性格进行否定，然后引出"よく落ち着いているといわれています"，没有明说，却暗含了"温柔、安静"的意思。并且句末用了日本人介绍自己性格时常用句式"といわれています"结句，通过被动、间接的表达方式，明明是自我介绍，却说成是别人这么说的，避免有自夸的嫌疑，

避免突出自我意识。虽然原语说得很直接，但译语考虑到日本人的思维意识和表达习惯，采用委婉、被动、间接的表达方式，间接地表达出了原语要表达的意思，令日本人听起来更自然，消除了文化的冲突，更有利于双方的交流顺畅。

【例7】

原语：我觉得他们大多数应该是比较有钱的。比如说老师要收集甲壳虫乐队的乐器的话就要花钱去买那些乐器。

译语1：多くの時はオタクという人はお金持ちかもしれません。先生のようにビートルズバンドの楽器を買うと、多くのお金を使うと思います。

译语2：たいていはオタクという人はお金持ちだと思いますが、先生のようにビートルズバンドの楽器を買うとなると、たくさんのお金を使うでしょうから。

例7是关于日本"发烧友"话题中的两句话。译语1前一句用了"かもしれません"表示可能，还是比较委婉的。但后一句"先生のようにビートルズバンドの楽器を買うと、多くのお金を使うと思います"语气感觉太过于肯定，太直接。在日本人听来，会觉得说话人比较喜欢强调自我，不太考虑别人的想法。

相比之下，译语2就表达得很委婉。首先前半句"たいていはオタクという人はお金持ちだと思いますが"中，一个"が"表明说话者考虑到对方也许不是这么认为的，这只是个人的想法，未必正确。其次，后半句中的"でしょう"表示推测，表明这只是推测，并不是直接断定，也许事实未必如此，这样使整句话的语气显得更加委婉，符合日本人的思维习惯。

二、日本人的等级、亲疏观念与表达方式选择

除了崇尚群体主义，日本社会还存在严格的"内外""亲疏""上下""尊卑"的观念，这些观念左右着日本人在交际中的言行。由于这种严格的等级、亲疏观念深入日本人的思维观念中，日语语言也有着严格的等级、亲疏之分，对上、对长要用敬语，朋友间、亲近的人之间的措辞，不熟悉的人之间的措辞也有区分。日本人习惯于在交际中观察和判断自己与他人、他人与他人的

等级、亲疏关系，从而考虑自己的语言措辞和表达方式，对不同关系的人采取不同的表达方式，以防自己的言辞有对他人不敬、失礼的地方，以免让他人感到不快。

我们在口译实践时很容易忽视对这些等级、亲疏关系的判断，译出的译语意思是对了，但还总是有欠缺，该用敬体却总是用简体，该用敬语的地方没用，该正式的地方却用了朋友间的措辞。日本老师也经常给我们改正、提醒我们注意，但口译实践练习了这么久，我们还是有疏漏。这主要是因为我们在口译时没有形成日本人那样的等级观念和亲疏观念，对这方面的意识还不足，口译时只关注语言层面，没有考虑到中日间意识、观念的不同。

口译时我们要考虑好在场人员间的关系、话题中的人物与在场人员的关系和译员与在场人员的关系，根据这些关系采用合适的表达方式，对现场的老师和话题中谈到的老师要用敬语，对自己要用自谦语。还要考虑到口译是比较正式的场合，措辞和表达方式要正式，不能用简体，不能用朋友间使用的话语。下面结合案例具体说明。

【例8】

原语：先从我小时候说起。

译语1：まずは、小学校から話しましょう。

译语2：まずは、小学校からお話しします。

例8是学生向日本老师介绍自己的教育经历的开头一句，译语1是译员现场的译文，译语2是日本老师修改后的译文，前面的内容都相同，只是句子后面对"说起"的翻译不同。译语1译成"話しましょう"，译语2译成"お話しします"。只做了细微的改动，给人的感觉和印象就完全不同了。"ましょう"这里是强烈的个人意志，有一种尊大感，所以可能使人不快。一般用于比较亲近的人之间，不太正式。而"ます"是含义比较客气的结句说法，是向对方阐述，并且"お～します"是自谦的表达方式，考虑到了老师和学生是"上"和"下"的关系，通过自谦表示学生对老师的尊敬，比较正式。

【例9】

原语：其实，我想尽快离开中国，一个可能是因为空气污染，可能还有一个原因是跟政治也有关系。

译语1：田先生は中国の金持ちは他国に転居することは、たぶん大気のこともありますし、もう一つは政治の原因もあると思っています。

译语2：田先生は中国の金持ちが他国に移住することは、たぶん大気汚染のこともありますし、もう一つは政治的要因もあると思っていらっしゃいます。

例9是中国老师讲的一句话，译语1是译员现场的译文，译员不是以第一人称，即老师的口吻翻译，而是以第三者的角度，即译员自己的口吻进行翻译，译成"田先生は……と思っています"。既然是以译员自己的口吻翻译，译员是学生，老师对于译员来说属于"上"的等级，应该对老师表示尊敬，对老师使用敬语，译为"田先生は……と思っていらっしゃいます"。

【例10】

原语：老师特别认真，比我们认真多了，有的时候我们中午休息，她不休息，在那批改我们翻译的东西。

译语1：私たちが昼休みするとき、先生は休まなかった。内容をチェックしました。先生は私たちよりずっと真剣です。

译语2：私たちが昼休みのときも、先生は休まれませんでした。内容をチェックしてくださいました。先生は私たちよりずっと真剣でした。

例10是学生在聊天中谈到了一位老师，该老师并不在现场。但译员以学生的口吻翻译，对于学生来说老师属于"上"的等级，应该对老师表示尊敬，老师的动作都要使用尊敬语，"休息"译为"休まれませんでした"，"检查"译为"チェックしてくださいました"，同时还表达出了老师的行为是为了我们，我们对老师怀有一种感谢的心情。

三、日语表达案例：中日口译中跨文化交际意识的重要性

文化的共性提供了不同文化之间跨文化交流的可能性。但是，生活在不同语言及文化中的人们在价值观、生活方式、思维方式、风俗习惯等方面存在着较大的差异。因此，在跨文化交流中会产生障碍。

翻译是一种跨文化交流活动，在此过程中，翻译人员可以直接接触到不同文化的信息。因此，翻译人员必须正确地表达双方的想法。如果翻译人员不能正确理解文化差异，其译语就无法起到正确传达的作用，听众也会被误导，

双方的沟通就会出现障碍，甚至产生误解，最终导致沟通失败。一般来说，口译在跨文化交流中主要存在下面几方面的障碍。

1. 文化差异

文化与各民族的语言有着密切的关系，随着时间的发展逐渐形成了象征本民族的文化符号。文化符号以其丰富的意蕴、深刻的联想等多种多样的形式，表现了本民族的历史和文化。在翻译的过程中，如果处理不好各民族文化的差异，就会引起口译的错误。

例如，因为佛教信仰的关系，莲被中日两国视为吉祥物。中国的民间工艺品和年画都能看到小孩子拿着莲叶跳舞的画面。对中国文人来说，莲是"花之君子"。例如，中国有句诗文是"出污泥而不染"，就是借莲花喻君子清白。但在日本，莲花是寓意庄严的丧花。日本人在盂兰盆节扫墓时，会用莲花供奉佛像和祖先。在这种情况下，莲花就完全没有中国文化中"吉祥物、美丽"之意。

从《诗经》开始，垂柳在中国古典文学中通产是被称赞的对象。《诗经》中"昔我往矣，杨柳依依，今来我思，雨雪霏霏。"这样的句子不仅韵律和语调优美，而且以垂柳作为怀人的喻体。从此，在中国诗歌中，垂柳就有了"羁绊""惜别"之类的意象，如唐代诗人韦庄的诗句"最是无情台城柳，依旧烟笼十里堤。"于此相反，在日语中，垂柳并不是"可怜"的意思，而是含有积极的意思。例如，「柳に雪折れなし」（柳无折雪）的意思是"以柔克刚"，「柳に風を受け流す」（随风飘柳）的意思是"处理得当"。

对某些动物的印象，中日文化也有较大的差异。例如，在汉语中"虾"是被蔑视的，并因其谐音中文"瞎"，虾还有一层禁忌的意味。在中国的俗语中，虾多有轻视的意思，如"大虾米炒鸡爪，抽筋带弯腰"。相反，在日本文化中，"虾"象征着贵宾。在庆祝的时候，虾代表着"长寿"之类的愿望。正月里，镜饼、松树、虾是日本人不可缺少的东西。正因如此，日本人十分喜欢鲷鱼。日本谚语「魚は鯛、人は武士」（鱼是鲷鱼，人是武士）的意思是"最了不起""一本万利"，表示"用很少的资本获取巨额利润"。

对于一些颜色的象征意义，中日文化也有很大的差异。

红色是中华民族最喜爱的颜色。在中国文化中，红色一般象征喜庆、吉利的意思，中国人一生中的重要时刻都与红色密不可分。每逢农历新年，要穿红衣服、贴红对联、挂红灯笼。结婚的时候，新人要穿红色的衣服、红色的鞋子等，新婚的所有物品基本都是红色的，红色代表着喜庆、繁盛、成功、圆满、幸运。在中国，热闹的地方被称为"红尘"，受上司宠爱的人被称为"红人"，在群众中受欢迎的演员被称为"红角"，做什么事都顺风顺水被称为"红运"。日本人也相信红色具有神圣的力量，可以辟邪。为了躲避恶魔、保证安全，人们会穿红色的衣服、戴红色的饰品。另外，同中国文化一样，红色也有喜庆的意义。例如，日本人会在结婚典礼等喜事庆典上，使用红白幕布，庆祝的时候吃"红米饭"。但是，红色在日本的传统色彩序列中处于最后的位置，在美的意识中有贬低的意思。例如，以摘抄报道为主的低俗报纸被称为「赤新聞」（红报），支出超过收入的亏损被称为「赤字」（赤字），「赤点」（赤分）是指考试不及格或晋级有危险的分数。

在中国文化中，黄色一度被认为是帝王的颜色，象征着权力。例如，"黄袍"是皇帝的专用装束，"黄榜"是皇帝的公告等，通常表示神圣不可侵犯。但在日本文化中，黄色通常用来表示幼稚、不成熟，日本民俗中也常用黄衣服包住刚出生的婴儿，日语中有「黄色い嘴」（黄嘴）的说法。而且，淡黄色不仅代表着不成熟，还代表着脆弱、容易受伤、无法抵抗风的脆弱。

白色，对于中国人来说通常是需要忌讳的颜色。在中国文化中，红色和白色经常被称为对立的颜色，有"红白之事"的说法。像结婚这样的喜事用红色表示，所以叫"红事"，与之相对是"白事"。举行葬礼时，穿白色丧服，挂白色哀悼对联，撒白色祭奠纸钱。另外，在汉语中，加上"白"字有贬低的意思。例如，竭尽全力却得不到利益或效果的情况，被称为"白忙"，智力低下被称为"白痴"。此外，"吃白食""白搭""白眼"等都包含轻视的意味。总之，在中国传统文化中，"白"指的是不吉利的东西。和中国文化相反，日本人喜欢白色。白色在日本文化中具有神圣、纯洁、率真、明显的意思。因此，在日本传统的婚宴上，新娘穿着雪白的和服，象征洁白无瑕，表示出嫁后"请染成新郎或新郎家的颜色"。在新郎新娘的房间里，新娘也穿着白色的和服睡觉。

总之，口译人员要充分把握中日文化的差异，只有这样，在跨文化交流中才可以提高交流水平。

2.思想认识差异

人们对世界的认识角度是存在差异的。这种差异表现在语言上就是对同一事物的叙述习惯不同。例如，「暧昧性」（模糊性）是日语最显著的特点。日本人非常细小的表情、语言语调的变化、甚至肢体细微的动作都能相互传达。通过这种「以心伝心」（以心传心），日本人在交流中可以很好地体察对方的情绪。与此同时，日语语言的传达则呈现出模糊而多样的形态。例如，不赞成对方观点的时候，日本人通常不会直接传达。他们会为了尽量不伤害对方的感情，大量使用「そうかもしれない」「どうかな」「もし何々ならどう思う」（也许吧、怎么样、如果是什么的话会怎么想）等语句。与之相比，中国人表达观点时更明确、直接，并要求对方及时以明确的意思回复。这样的传达方式可能会让日本人感到困扰。

这种思想认识差异对口译人员来说是必须克服的障碍，特别是口译初学者，需要较长时间的去调整。

3.价值观差异

所谓价值观，是指人们对于行为的一种信念，或者是根据重要性排列的信念系统。价值观是文化构成的深层因素，是文化的结构部分，是社会文化因素在人们观念中长期浸染、沉淀的结果。中国文化的价值观主要是重视集体主义，崇尚团结一心。日本文化的价值观也崇尚集体主义，主要表现在集体合作上。日本的社会学家高邦雄先生曾经指出，日本的集体主义具体包括六个方面。第一，日本人对特定集团无条件的终生归属；第二，终生归属中包含了对集体的牺牲精神；第三，根据地位高低决定工作年限；第四，重视与他人的合作与调节；第五，上司和领导拥有最终决断权；第六，重点关心与集体成员有关的生活。中国人的集体主义主要表现在亲缘关系内部的合作上，最显著的表现是重视血缘关系。传统社会的中国人以家为中心，重视基于血缘、亲缘或地缘的利益关系。

如果能充分了解中日两国的价值观差异，在口译时才能理解对方的真实意图，效果也会变好。

4.历史文化典故差异

无论是在日语还是汉语中，一些成语都有其历史典故，其中还包括特有的人名和地名。如果将这些成语或谚语直译，口译受众一般无法理解。如果利用补充说明，就失去了成语简洁的特点。

例如，中国成语"刮目相看"源自三国时代的历史，最早出自于《三国志·吴志·吕蒙传》。吕蒙是三国时期东吴的名将，因为从小家里贫穷，没有读过几年书，所以虽然他立下了赫赫战功，其他文臣武将仍然觉得他没有什么政治远见，心里十分轻视他。东吴掌权人孙权看在眼里，就对吕蒙说："你如今身居要职，最好多看点儿书、多学习，这样对你有好处。"吕蒙听了孙权的话，才开始努力学习。过了几年，大将鲁肃掌管兵权，去拜访吕蒙，两人边喝酒边聊天，谈古论今，越聊越投机。接着，吕蒙又详细地分析起天下形势，指明当时的利害关系。鲁肃听了大惊，他赶紧站起来拍着吕蒙的背说："我真没想到，如今你的才能谋略竟然已经到了如此地步，再也不是当年那个武夫了！"吕蒙只是微微一笑，说："士别三日，当刮目相看啊！"

日本的成语「天王山の戦い」（天王山之战）源自日本战国时代的历史。1567年8月，信长攻打稻叶山城，斋藤族全军覆没。然后，信长在稻山城歧阜改名。信长喊出"天下布武"的口号，为统一日本而进军。但是，1582年6月2日，明智光秀叛乱，在京都本能寺杀了信长。秀吉得知此事，于1582年6月7日抵达姬路城，最终在天王山打败了光秀。天王山之战结束后，秀吉逐渐取代了信长的地位。这就是日语成语"天王山之战"的来源，其在日语中意味着"关键的战斗"。

此外，日本的谚语「小田原評定」（小田原评定）也来源于日本战国时代的历史。日本战国时代，北条氏被丰臣秀吉攻破，丰臣秀吉因此召集幕僚在小田原城商量对策，但是幕僚和家臣们无法达成一致意见，最终没有得出切实的结论。这句谚语就是出自这个典故，「小田原評定」在日语中的意思是讽刺商量的内容完全没有意义。

中日两国有很多类似的历史典故，口译时可以采用意译或注释之类的方法。如果日本的成语或谚语中也有对应的中国成语，应直接用汉语的固定用法翻译。例如，日本有句谚语叫「鰯の頭も信心から」（沙丁鱼头也有信心），汉语成语为"精诚所至，金石为开"，这里就可以直接用汉语成语翻译。

5.习惯差异

中日习俗的习惯差异也很大。这种差异主要体现在寒暄、离别、设宴上。例如，中国人见面时会问"吃饭了吗"。如果翻译人员直接翻译的话，日

本人可能会认为中国人在窥探隐私。但是汉语中像"吃饭了吗"这样的问候语和日语的「お元気ですか」（你好吗）「いい天気だね」（天气真好）大致相同。另外，如果有日本人提出「ぜひ家に遊びにきってくださいよ」（请一定要来家里玩哦），通常他们只是客气一下，口译人员不能直接翻译。在这种情况下，口译人员需要做出适当的解释。

中日礼仪也存在着很大差异。例如在宴会酒文化中，中国文化要求参加宴会的人员应尽量保持清醒，"耍酒疯"被认为是十分失礼、没有品德的行为，喝酒到最后也不会崩溃的人才会受到尊敬。但在日本文化中，喝了酒也不放松的人，会以「腹を割って話合ってくれない」（没有推心置腹的谈话）、「つき合いが悪い」（不善交际）、「薄気味悪い」（让人不舒服）等理由降低其人品的评价，在日本文化中，酒后暴露出丑态的人会被评价为是值得信赖的人。

另外，日语中有很多的"对不起"用法，与汉语对其的使用习惯非常不同。例如，日本人问路的时候会说"对不起"，这是让对方停下脚步表示歉意的一种表现。餐厅里也会用"对不起，请给我水"，表示给他人添了麻烦，还有"对不起，请结账"等。现在日语中的"对不起"与其说是道歉语，不如说是呼吁谦让语。但是，当发生汽车碰撞事故时，最好不要说"对不起"。即使是出于谦让语，也等于承认了自己的错误，在庭外和解时条件也会变得不利。由此可见，日本人的"对不起"有"谢罪"和"呼吁"两种意思。中国文化中"对不起"则没有作为号召语的作用。

口译人员在翻译的过程中，应努力学习、了解不同文化的风俗差异，避免在跨文化交流中出现翻译错误，导致交流不畅。

第七章　口译者的跨文化交际能力培养

第一节　口译与跨文化交际能力概述

一、跨文化交际能力定义

跨文化交际能力本身就是一个非常复杂的问题，半个多世纪以来，国际学术界一直在讨论这个问题。如何培养这种能力，是仁者见仁，智者见智的课题。有些问题涉及我们对跨文化交际能力的理解，有些问题是由于近年来学术界对跨文化交际能力的深入讨论而产生的，形成了许多新的观点。无论何种情况，似乎总是有必要澄清一些基本概念。例如，跨文化交际能力究竟是什么，跨文化交际能力应该如何定义，跨文化交际能力的构成要素是什么，跨文化交际能力的培养途径有哪些，跨文化交际能力有哪些？交际能力问题应该在什么阶段解决等。

首先，跨文化交际能力和跨文化能力有区别吗？有学者将跨文化交际能力与跨文化能力画等号，认为它们是同一个概念。例如，杨颖、庄恩平认为，将跨文化交际能力与跨文化交际能力等同起来，有利于将我们的观念从语言交际的狭隘视野中解放出来，使我们在发展的过程中能够专注于语言交际能力与跨文化交际能力。同时，看到跨文化意识、思维能力、非语言交际和交际策略的重要性。文秋芳认为，跨文化交际能力包括交际能力和跨文化能力两部分；交际能力和跨文化能力并列在跨文化交际能力之下，共同构成跨文化交际能力。交际能力包括语言能力、语用能力和灵活性。跨文化能力包括对文化的敏感性。差异、容忍文化差异、灵活应对文化差异。这两种处理方式在理论上都是成立的。鉴于相关学术文献大多没有区分这两种能力，本文拟对这两种能力进行处理。

　　Spitzberg 将跨文化交际能力定义如下："跨文化交际能力可以广义地理解为一种印象，即这种行为在特定背景下是适当和有效的。" Perry 和 Southwell 指出，许多学者已经定义了跨文化交际能力这一术语。尽管没有一个定义被普遍接受，但学者所做的定义和理论概括都承认"跨文化能力是指具有不同文化背景的人（人们）进行有效和适当交流的能力。约翰逊等人将国际商务中的跨文化能力定义如下："国际商务中的跨文化能力是个人有效地使用一套知识、技能和个人属性，以便和国内的或国外的，成功地与来自不同国家和文化背景的人一起工作。"经过综合比较和分析，本文以佩里和索斯韦尔的概括作为工作定义和讨论的基础。当然，深入下去你会发现人们对有效性和适当性的理解可能会有所不同，比如所谓的"有效"是从本人还是对方的角度来看的？所谓"合适"用什么文化作为衡量标准？这些都是复杂的问题，涉及的问题范围很广，本文暂不讨论。

　　学者对跨文化交际能力的具体内容提出了多种观点。有学者将跨文化能力细分为各种素质和能力，并以清单的形式列出，包括耐心、宽容、好奇、灵活、诚实、相互尊重、敏感、开放、难以下结论、自我控制力、倾听他人、适应能力、同理心、社交能力、语言能力等。有学者认为，上榜的这些特征往往是从少量不可靠的数据中总结和抽象出来的，并没有说服力。同时，这些特征可以无限列出，但它们之间的逻辑关系并不清楚。

　　在跨文化研究领域，学者对跨文化交际能力的主要组成部分或组成部分达成了一定的共识。Lustig 和 Koester 认为"跨文化能力需要足够的知识、适当的动机和训练有素的行动。仅这些要素中的任何一个都不足以获得跨文化能力。"换句话说，知识、动机和行动三者的结合就可以构成跨文化能力。今堀和拉尼根的观点是"跨文化交际能力是指外来者和本地人在交流中具有适当的动机、知识和技能水平，这些因素导致有效的相互关系。"贾雨欣认为："跨文化交际能力至少由基本交际能力系统、情感与关系能力系统、情节能力系统和交际策略能力系统组成。"杨颖、庄恩平认为"跨文化交际能力由全球意识体系、文化适应能力体系、知识能力体系和交际实践能力体系共同组成。它们相互交织、密不可分，共同构成了跨文化交际能力的框架。"张红玲的观点是"跨文化交际能力可以定义为掌握一定的文化和交际知识，能够将这种知识应用到实际的跨文化环境中，并在心理上不惧怕、主动、乐于接受挑战，对不同文化表现出包容和欣赏。"毕继万认为"跨文化交际能力是语言交际能力、非语言交际能力、语言规则和交际规则转换能力组成的不可或缺的综合能力，以及跨文化交际环境中的文化适应能力。"虽然不同学者对跨文化交际能力的要素有不同的看法。但都提及了认知、感觉（态度）和行为三个层次。

在认知层次上，奥拉斯指出，要成功进行跨文化交流，传播者不仅需要一般的文化知识，还需要具体的文化知识以及本国和其他国家的政治、经济、地理、历史、人文、宗教知识和海关等方面的知识。情感层面包括传播者对文化差异的敏感度、对不同文化的包容度、对自己文化的深刻理解以及对其他文化的尊重。行为水平主要是指交际者的各种能力，如语言能力（无疑是非常重要的）、非语言能力、灵活性、处理人际关系的能力、心理调节能力、适应环境的能力，以及在不同文化环境中做事的能力。

如果我们接受上面列出的认知、情感和行为层面的主要内容，我们必须同意跨文化交流技能是一个非常高的目标，并不是每个人都能获得这种能力。在西方国家，跨文化交际技能培训的主要目标群体包括跨国公司员工、技术人员、外交官、驻外人员和留学生。

西方国家研究跨文化交际能力的动机主要来自实际需要，具有非常实用的价值。具体研究目标包括：

（1）解释海外工作失败的原因；

（2）预见海外成功的因素；

（3）研究派遣人员的标准；

（4）设计、实行和测定派遣人员的训练与准备。

因此，从西方（主要是美国）跨文化交际的历史发展来看，跨文化交际能力的提出最早和外交官、技术人员、留学生等的派出相关，这就是 Ruben 说跨文化交际能力培养有着十分实用价值的原因。

二、培养口译者跨文化交际能力的必要性

从语言与文化的关系来看：语言离不开文化。语言是文化的重要组成部

分。它反映了一个民族的文化，揭示了这个民族的文化内涵。它深深植根于民族文化。它也反映了民族的信仰和情感。因此，语言既是文化的一部分，又是文化的载体。胡文中还指出："语言是一种文化表达形式。不了解英美文化就不可能学好英语。另一方面，你说得越深，对历史、文化、传统的了解就越详细。""你所学习的国家的风俗习惯和生活。生活的方式和细节，你越能正确理解和使用语言。" 因此，要了解语言，就必须了解文化。

语言是文化的产物。它具有深厚的文化内涵。不同的对象在什么情况下如何表达一种思想与文化背景密切相关。"怎么说"和"不该说什么"有时比"说什么"更重要。仅能使用语法正确的外语并不能实现深度的跨文化交际。

一个优秀的译员应该是兼容并蓄的通用者，能够胜任各种类别的口译场合和工作。称职的口译者要具备较高的职业道德素质，扎实的语言基本功，宽广的知识面，较强的记忆力和灵活娴熟的口译技巧，但更应熟悉语言涉及的不同文化，进而洞悉它们在语言表达上的差异，以便在两种语言和文化间实现合理转换。否则，他可能会陷入文化困境，无法顺利完成口译任务。王佐良先生指出，不了解语言当中的社会文化，谁也无法真正掌握语言。换句话说，不了解语言当中的社会文化，谁也无法在口译中顺利实现文化信息传递。

培养译员的跨文化交际能力，可以帮助译员更好地预见和解决口译过程中出现的各种各样的文化障碍，从而更好地完成口译任务。众所周知，语言教学锻炼的是译员的语言交际能力，而口译教学应该是利用已经获得的语言交际能力增强译员的跨文化交际能力和各种口译技能。因此应加强培养译员的文化认知能力。语言与文化相互影响，相互依存。要增强译员的文化认知能力就应该重视那些影响语言学习和运用的因素，应当向译员揭示语言的特定文化因素的内涵，积极地引导译员了解和积累目标语的言语表达规律、模式及特征，使他们在两种不同文化的转换中做到游刃有余、顺利完成口译任务。

第二节　培养口译者跨文化交际能力的策略

一、口译实践中译者跨文化意识的培养

（一）口译员需具备的素质

口译是一种集语言的听、说、读、写、译之大成的即时性很强的多任务的（multi-tasking）语言操作活动，其目的是使来自不同语言和文化的交际双方借助译员的口头翻译能作到准确、有效、流畅的沟通。现场口译是高度紧张且极富挑战性和创造性的劳动，需要译员具备很高的综合素质。口译人员的双语语言水平、反应能力、现场情景和气氛的把握能力，对不同风格的语言适应能力和良好的心理适应能力都是不可或缺的。

著名的口译研究者、法国教授DanielGile曾经提出了口译的理解公式即理解（comprehension）=语言知识（knowledge of the language）+言外知识（extra-linguistic knowledge）+分析（analysis）。其中，"="并非指完全等同，而是指上述三项相互作用的结果。"+"也并非算术加法，而是相互作用的介入。在口译理解的过程中，译员综合运用语言知识和言外知识对信息进行分析综合，从而对信息解码和编码，准确地建立起双方共识的信息概念，达到沟通双方意义和意图沟通的交际目的。

从此公式中我们可以看出，一名译者需要具备扎实的语言知识，这不光涉及原语还涉及译语，这包括对两种语言的语音、语调、词法、句法、结构和语义等基本语言知识，以及基于这些基础知识上的语言综合运用能力（如：听、说、读、写、译）。口译由于即时性强，对于译员的专业素质要求颇高，要想成为一名出色的译员，扎实的双语功底是必不可少的。然而，只掌握了语言的基础知识还是远远不够的。虽然一名好的口译人才必定是好的双语人才，但一名好的双语人才却不一定会成长为好的口译人才。一名译员除了语言素质以外，还必须具备其他一些素质方能够真正胜任工作，而只拥有语言的译员无异于"翻译机器"，充其量只是一个蹩脚的双语换码工具。

口译员还需掌握足够的言外知识，即非语言知识。非语言知识相对于语

言知识，译者在进行翻译前，要对演讲内容所涉及的专业术语、讲话人的基本情况、听众、现场和工作环境都要尽可能地了解和掌握。更重要的是译者应该了解原语和译语的文化背景并具有强烈的跨文化意识。关于翻译和文化的关系，南开大学的王秉钦教授曾引用了美国著名汉学家约翰·J.迪尼的话对此予以说明："每一种语言都从文化中获得生命和营养，所以我们不能只注意如何将一种语言的内容译成另一种语言，还必须力求表达两种文化在思维方式和表达情感方面的习惯。"由此看来，翻译虽然在基本形式上是一种语言转换的活动，但是还涉及到许多的文化因素。不同的国家，不同的民族，都有着各具特色的民族文化，彼此相互渗透和影响，"文化进化的主要趋势是趋同，即随着文化的发展各种文化越来越趋向于统一"。但在文化趋同的过程中，不同民族的思维方式、信仰、价值和态度不仅会造成跨文化交际的失误或误解，而且也会成为翻译理论家和翻译工作者的难题，给语言的翻译带来种种障碍和困难。

（二）应培养口译中译员的跨文化意识

庄恩平曾说过"口译是跨文化交际的桥梁，是对原话进行分析，并译成目的语使听者能正确理解发话者语言表达所特指的含义的过程。"由于地理风貌、历史传统、风俗习惯、社会制度、宗教信仰和思维方式等方面的差异，英汉两种语言在文化上有很大的差异，这给口译人员的翻译设置了障碍。由于这种文化差异，在有些情况下，如果译员按字面意思直译，会背离原话的含义。

比如，有些汉语语句中带有修饰语显得很自然，完全合乎汉语习惯，但这个修饰语译成英语，效果适得其反。如参观某团体或公司时，中方代表总爱对来访的外国专家说"请提宝贵意见"。如果这句话译为"Please give us your valuable opinions."访问者就会感到为难，大概会想："How do I know whether my opinions are valuable or not?（我怎么知道我的意见是否宝贵呢？）"在这种场合如果提了意见，就不够谦虚，等于说"Yes, my opinions are valuable, heretheyare.（好，下面就是我的宝贵意见⋯⋯）"因此，为了避嫌，他（她）干脆什么意见也不提了。其实，这句含有"宝贵"二字的话可表示为："Your opinions will be appreciated.（您提的意见我们会尊重并认真考虑的。）"

再比如：由apple所组成的两个习语"the apple of someone's eye"和"polish the apple"。译者若照字面上去理解和再现，便会使读者不知所云。只有深挖其文化的沉积和风习，才会知道前者是源出圣经《旧约》《申命记》

（Deuteronomy）第三章第十节中的一段。在古代的西方，apple被比作瞳孔，用相应的汉语来译，应为"掌上明珠"。而后者，则是因为过去美国学生为了讨好老师而把擦得闪闪发光的苹果送给老师。这一习语是从此种风俗而来，因而，把它译为"阿谀奉承"或俗语"拍马屁"，这才最为贴切。同样，当文章中出现He is a shylock时就应知道shylock是一个莎士比亚戏剧《威尼斯商人》中的人物，是贪婪、残忍、追求钱财、不择手段的守财奴的典型代表。

所以王佐良先生说："翻译者必须是一个真正意义的文化人。"因为语言表达文化，因此译者应该是双语文化的工作者，而不仅仅是双语的工作者。

口译者之所以不同于机器翻译，就在于他们对两种语言所涉及的两类文化的了解与掌握，具备这种跨文化意识是对口译者的基本要求，十分重要。所谓"跨文化意识"是指在跨文化交际中自觉或不自觉地形成的一种认知标准和调节方法，是对交际过程中文化因素的敏感性。口译的最终目的是让讲话者和听众能达到思想、文化的交流。对于这样一种特殊的交际活动，跨文化意识的有无或程度的强弱将直接影响译员的翻译质量。同时，它也可以作为衡量一个外语学习者是否适合从事口译工作，能否成为一名优秀的译员的重要准绳，跨文化意识是译员水平判定的质的标尺。

二、口译者跨文化交际能力培养策略探讨

译员的跨文化交际能力包括了语言能力，相关背景知识到跨文化意识的方方面面。Stern将策略能力理解为语言运用的创造性。它包括译员利用交际策略来避免交际过程中的失败和障碍。交际策略包括了语言交际策略，如转码策略，合作策略和非语言的交际策略。如果译员能够具备良好的策略能力就能够弥补其在交际过程中由于实际交际能力的限制从而更有效地完成交际任务。基于此，训练译员跨文化交际能力的策略探讨可以以策略能力的培养作为训练的主线。首先，由于交际能力和译员跨文化交际能力涵盖内容方方面面，训练应该多样化以从不同方面实现译员跨文化交际能力的提高。其次，译员在整个交际场景下扮演着积极活跃的角色，在训练过程中，应该给译员提供更多的机会参与到有较高语言能力的讲话者的交际活动中，以调动译员在口译场景下进行有效跨文化交际的主动性。再次，在整个交际过程中，交际双方会涉及众多

主题，因此基本的交际策略包括足够的信息量、练习等应被纳入到训练体系中。最后，除了解决具体问题的战略以外，处理一些现场出现的平常知识储备无法完成的交际障碍的策略也应该有所体现，从而使译员能够较灵活地处理好现场不期而遇的问题。

Landis和Brislin提出过加强跨文化交际能力的六条途径：信息导向型、归因、文化意识、认知行为和修正。基于上述训练指导思想和原则和六条途径，笔者提出了以下关于训练译员跨文化交际能力的六个训练模块。

（一）信息导向型训练模块

信息导向型训练是若干训练建议中最容易入手的一条，旨在通过大量文化信息的输入使学生具备一定量的目的语文化知识，以应对口译场景下的一般性跨文化交际障碍。在该项训练模块下，教师着重给学生提供大量阅读材料，内容涵盖政治、经济、文化、教育、社会习俗等各方面。在训练过程中，教师可以采用不同方式将相关的信息呈现给学生，例如作讲座、做专题调查、讨论等。同时，教师也要将学生的主动性发挥出来，组织一些以学生为主体的教学活动，例如请学生就某文化现象进行小组讨论和研究并完成研究报告等。这一模块的训练信息量多，工作量大，但是对于译员训练的初级阶段来说是重要的也是必要的。通过大量阅读，相关文化话题的研究讨论，学生可以有机会了解到不同的文化，为之后进一步的口译学习奠定基础。

（二）互动式训练模块

在经过第一个信息导向型的训练后，学生具备了一定量的文化知识的基础，这是成功的跨文化交际的必要前提。然而，由于交际是一个动态系统的过程，在这个过程中意义产生并通过符号在人们的互动活动中反映出来。因此，要让学生理解所学的文化知识，还需要通过一些互动式的活动来强化已有的文化知识。在该训练模块下，教师可以请来自目的语文化背景的人们开展访谈、讲座等活动，还可以请一些从事文化交流事务的人士或资深的译员与学生进行面对面的交流。通过和来自目的语文化的人们交流，学生可以最直接地体会到这些不同文化背景的人们的语言，思维习惯和做事的方式，对目的语文化产生最直观的印像。通过和从事文化事务的人们和资深的译员交流，学生可以得到这些人们在从事跨文化交际的过程中成功或不成功的生动的例子。这些直接或间接的跨文化交际经历可以有力地证明学生在第一个阶段中获取的文化知识，并得到强化。同时，该模块的学习还可以作为第一个阶段学习的一个补充，往往现实中的跨文化交际知识比书本上的单纯的信息来得更加生动和更加具有时效性。

（三）归因训练模块

在培养跨文化意识方面，广泛认为有两种方式，即由内至外式和由外至内式。由内至外式主要是指在学生形成对于他们自己所属文化的理解和其对该群体的影响的时候，他们也同时检查这些影响对于他们自己的行为和偏好的影响。归因训练就是属于由内至外式的训练模式。在该训练模块下，教师需要精心设计一系列以单项选择题目为主的试题。学生要求在阅读一个篇章后，总结出篇章中所涉及跨文化交际问题。并且需要用跨文化交际的知识来给出单项选择题的答案。这些答案都有一定道理，但是只有一个答案是从目标文化的角度分析的正确答案。教师可以在学生完成练习后进行评讲，并请做错的同学分析他们错误的原因，最后教师通过引导式分析和学生一同得出正确答案。通过对篇章的理解和所涉及的跨文化交际问题的分析，学生可以一定程度地提高自己的跨文化交际能力和对一些典型的跨文化交际场景的理解。

（四）实验型训练模块

在真实的跨文化交际场景中实验对于学生获取跨文化交际能力应该是最为有效的一种策略。在此交际场景中，学生可以将在先前几个训练模块中获取的跨文化交际知识在实践中加以自觉应用，并检测所掌握的跨文化交际常识。在该模块下，教师可以组织模拟会议，由学生担任大会译员，外语母语人士担任讲话人。会议的主题可以涉及经济、政治、教育、文化等方面。教师可以提前告知学生会议主题，使学生有充足的时间准备相关方面的知识内容。模拟会议一开始，学生就立刻担任起大会译员的角色，帮助发言人完成整个交际过程。发言结束后，还可以设计一个问答环节，观众可以就涉及话题对讲话人提问，从而实现一个以译员为主导的双向跨文化交际活动。值得注意的是，该模块的训练可以在学习的不同阶段分多次进行，具体涉及内容可以根据学生的学习进度和口译技巧掌握的不同程度进行有针对性的选择。在模拟会议结束后，教师可以组织学生一起就会议中译员的表现和交际的有效性进行评估和讨论，以期总结在仿真场景下学生出现的问题和经验。

（五）跨文化意识训练

学生通过学习目的语文化人们的共同行为、价值观、信念和思维模式来使自己具备跨文化意识是一种由外而内的方式。该模式下，跨文化意识的培养可以通过含有文化内涵词汇的积累，成语、谚语的积累和听力理解能力的训练三个方面实现提高。

词汇量的大小在一定程度上决定了译员的口译表现。而在跨文化意识培养方面的训练的词汇积累并不等同于普通意义的词汇积累。而是那些含有文化内涵的词汇的积累。学生需要掌握到这些词汇在目的语文化中的含义和感情色彩，才能在口译过程中判断讲话人的感情色彩，从而选择合适的词汇来传达讲话人的意图。

成语和谚语是语言文化的结晶也是讲话人在交际过程中常常使用的修辞方式。不了解目的语文化中的成语或谚语，就会在口译过程中遇到障碍。有的成语和谚语在两种文化语言中都有对应的表达，例如：where there is a will, there is awa.（有志者事竟成）；Fish in the troubled water.（浑水摸鱼）；Strike while the iron is hot.（趁热打铁）。有的成语和谚语就很难在主体文化中找到对应的表达。例如：We should bury the hatchet. 从字面的意思讲就是"我们应该把斧头埋起来"。但是显然这样的表达并不能实现真正的交际目的。这句话是讲话人想表达寻求和平方式解决问题的意思，所以在中文中，我们常常说"铸剑为犁"。还有一些成语和谚语，在两种语言中都有对应的表达，但是含义却完全不一样，例如：Don't pull my leg在中文中我们也有"别拖我后腿"的表达。但在英语表达中，pull one's leg的意思是开某人玩笑。如果译员不具备这个知识的话，就会将讲话人的意思完全传达错误。因此教师可以通过比较学习的方式，让学生掌握一些常用的和文化含义丰富的成语和谚语。

跨文化交际能力也包括了听懂讲话人的语音，理解其所使用的不同地区的习惯表达的能力。不仅包括了标准的英式英语、美式英语，还包括澳大利亚英语、加拿大英语。不仅包括英语母语人士还包括了非英语母语人士的地方口音，例如印度英语、日本英语等。这些不同地区国家的英语从语音到词汇的使用都会受到一定程度不同文化的影响，因此对于合格的译员来说，要实现顺利的跨文化交际也要加强听力理解能力方面的训练。在该模块下，教师可以让学生选择不同地区和国家的英语电台节目进行收听，还可以给学生播放一些重要的国际会议的录音或者视频资料。例如联合国大会现场录音，世界经济论坛视频等。这些材料在网络上都可以很容易地找到。通过大量接触不同文化背景的人说的英语，学生可以熟悉不同语音语调和不同的英语表达，逐渐地培养出对各种英语的接受能力，快速地在口译场景下适应不同的讲话者的英语语音语调和表达。这一能力的形成可大大增加译员在跨文化交际场景下的工作信心并提高其工作质量。

（六）规避策略训练

上述五条训练策略为译员实现成功的跨文交际奠定了知识基础。然而，交际场景的动态性和不确定性决定了译员完全可能遇到意想不到的跨文化交际障碍。这时就需要译员能够灵活地采取一些规避策略来最小化跨文化交际难题形成的障碍。在该模块下，教师可以指导学生进行"paraphrase"练习，对一些有文化含义的句子，篇章根据上下文或实际交际场景进行理解和推断。此外，合作策略和非语言性策略也可以被引入到该训练模块下。因为交际作为一个动态和灵活的过程，在条件的允许下，例如小型谈判、陪同口译中，译员是可以通过和讲话者交流来确认某些无法理解的涉及跨文化交际问题的内涵的。而一些非语言性策略，如目光交流、肢体语言等也可以作为一种交际方式来规避译员遇到的难以应对的跨文化交际障碍。

口译是跨语言的活动，也是跨文化的交流活动。译员在口译时不可避免会面对各种跨文化交际障碍和冲突。如果译员对目的语文化一知半解或知之甚少，都必然会影响到整个口译过程中的信息传递的准确性，严重者甚至会影响整个跨文化交际的成功与否。笔者希望通过提出的六个训练模块，给当前的口译培训项目一个新的培训视角，同时也希望通过本文的研究起到抛砖引玉的作用，能够有更多的学者、从业者来研究口译员的跨文化能力的培养和提高，将跨文化交际能力的训练作为一个与其他口译技巧训练同等重要的组成部分，不断落实，并在实践中不断探寻培养及提高口译员跨文化交际能力的有效途径。

参考文献

中文参考文献

[1] 张爱琳.跨文化交际[M].重庆: 重庆大学出版社, 2008.

[2] 杨惠英.跨文化交际[M].西安: 西北工业大学出版社, 2016.

[3] 祖晓梅.跨文化交际[M].北京: 外语教学与研究出版社, 2015.

[4] 杨可心.跨文化交际[M].大连: 东北财经大学出版社, 2014.

[5] 张雷, 范婷婷, 宋金花.跨文化交际与外语教学[M].哈尔滨: 黑龙江教育出版社, 2015.

[6] 马晓莹.跨文化交际理论与实践研究[M].石家庄: 河北科学技术出版社, 2013.

[7] 王玉环.跨文化交际学基础教程[M].上海: 上海交通大学出版社, 2013.

[8] 毕继万.跨文化交际理论研究与应用[M].北京: 北京语言大学出版社, 2014.

[9] 修刚, 朱鹏霄.中日跨文化交际视角下的翻译研究与教学[M].天津: 南开大学出版社, 2016.

[10] 戴晓东.跨文化交际理论[M].上海: 上海外语教育出版社, 2011.

[11] 王明利.跨文化交际专题研究[M].天津: 南开大学出版社, 2012.

[12] 王秀文, 孙文.日本文化与跨文化交际[M].北京: 世界知识出版社, 2004.

[13] 王秀文.日本企业文化与跨文化交际[M].北京: 世界知识出版社, 2009.

[14] 郭建中. 翻译中的文化因素: 异化与归化[J].外国语, 1998(2): 13-20.

[15] 郭建中. 文化与翻译[M].北京: 中国对外翻译出版公司, 2000.

[16] 赵彦春. 关联理论对翻译的解释力[J].现代外语, 1999(3): 276-295.

[17] 日口译入门教程[M].外语教学与研究出版社, 2004.

[18] 曾宪凭.日语口译基础[M].上海外语教育出版社, 1998.

[19] 李逵六.口译理论与实践语言与交际[M].外语教学与研究出版社, 1994.

［20］陈原.社会语言学［M］.学林出版社，1983.

［21］译英口译教程［M］.外语教学与研究出版社，1995.

［22］吕叔湘.吕叔湘文集［M］.商务印书馆，1984.

［23］罗新璋.翻译论集［M］.商务印书馆，1984.

［24］金惠康.跨文化交际翻译.中国对外翻译出版公司，2003.

［25］刘宓庆.当代翻译理论.中国对外翻译出版公司，1999.

［26］李红.日本文化特性与中日跨文化交际研究［J］.河南理工大学学报（社会科学版），2007，（4）：421-425.

日文参考文献

［1］法学書院編集部.通訳八8道［M］.法学书院编集部，1989.

［2］小川弘仔力.实践日中翻訳用語八［M］.東方書店，1989.

附录　已发表成果篇

成果一：从认知角度看同声传译中译员心理素质的培养

李红梅

一、序言

同声传译既是一种特殊的语言信息处理活动，同时又蕴涵着复杂的心理认知加工过程，特别是对口译员的工作记忆资源有重大影响。一方面，同传活动干扰了工作记忆系统对输入信息的加工处理，影响信息保持效果：而另一方面，同传训练和实践又对提高工作记忆能力，特别是加强信息存储容量有积极的促进作用。同时，应继续加强实证性口译认知研究，以进一步明确同传活动与工作记忆资源在对记忆容量与记忆资源协调效率两方面的具体关系，特别是同声传译中译员心理素质对同传的重要意义。

日中·中日同声传译，由于涉及的两种语言--中文与日文在思维方式，语言习惯上有着很大差异，给译员的工作带来了诸多困难。同传过程中，译员通过基本的三大能力，即记忆力、预测能力、应变能力以及一些作为其辅助的技巧，一方面要把原语的信息准确无误地传达给听众，一方面还要在不同立场的发言人和听众之间起到真正意义上的友好桥梁作用。因此，同声传译中译员的心理素质很关键，从而培养同声传译中译员的心理素质也具有重要意义。

中国经济的飞速发展，吸引了国际的目光，越来越多的国际会议要求大量的同声传译人员。当然，译员的基本素质中很关键的一点是译员的心理素质。因此，本文从认知角度对同声传译中译员心理素质的培养提出几点建议，以便与同行们共同商榷。

二、什么是认知学

认知是指认识的过程以及对认识过程的分析。美国心理学家吉尔伯特认为："认知是一个人了解客观世界的所经历的几个过程的总称。它包括感知、领悟和推理等几个比较独特的过程，这个术语含有意识到的意思。"认知的构造已成为现代教育心理学家试图理解的学生心理的核心问题。

所谓的认知学就是我们通常所说的认知心理学。认知心理学是20世纪50年代中期在西方兴起的一种心理学思潮，20世纪70年代成为西方心理学的一个主要研究方向。它研究人的高级心理过程，主要是认识过程，如注意、知觉、表象、记忆、思维和语言等。

以信息加工观点研究认知过程是现代认知心理学的主流，可以说认知心理学相当于信息加工心理学。它将人看作是一个信息加工的系统，认为认知就是信息加工，包括感觉输入的变换、简约、加工、存储和使用的全过程。按照这一观点，认知可以分解为一系列阶段，每个阶段是一个对输入的信息进行某些特定操作的单元，而反应则是这一系列阶段和操作的产物。信息加工系统的各个组成部分之间都以某种方式相互联系着。

三、国内外认知学的研究与发展

20世纪50至60年代，是世界心理学发展史上有重要意义的时代。在现代信息科学(信息论、控制论和系统论)和语言学的推动下，心理学突破了行为主义在学术界长达半个世纪的统治地位，进入了认知心理学的新时期。现代认知心理学以人类认知为研究对象。它研究人类认知的内部结构与过程，即知识获得的内部结构与过程，并与计算机进行类比。作为一种新的研究范式，它继承和取代了行为主义，在心理学的各个领域迅速得到应用，并对各国心理学的发展产生了深刻的影响。认知心理学是广义认知科学的一个重要组成部分。它与语言学、逻辑学、人类学、神经科学和计算机科学有着密切的联系。它重视实验手段的运用和认知模型的建构。三十多年来，它在探索智力的本质，揭示认知的微观结构和过程上，取得了显著的成就。

认知心理学在中国的传播，从20世纪60年代中期开始。当时，一些中国心理学家敏锐地看到心理学中的这一重大变化，并尝试着用信息加工的思想研究汉字的信息结构，汉字笔画的冗余性和相对信息量，影响汉字识别的因素，图式、组块在课文学习中的作用等。70年代中后期，中国港、台的学者在中国语文的认知方面开展了卓有成效的研究，并获得了有价值的研究成果。80年代初，认知心理学在中国大陆开始系统化传播。当时，出国访问归来的学者以及应邀来访的外国学者，向学术界介绍认知心理学的发展趋势及其在不同领域（记忆、思维和问题解决、个体心理发展等）的研究成果，并在部分高校系统地开设认知心理学课程。一系列国外的认知心理学著作被译成中文，在中国出版；我国学者也先后编撰出版了一些认知心理学的教材或专著，认知心理学的实验研究在一些高等学校和科研单位迅速发展起来。

短短十多年间，中国心理学家在知觉及模式识别、注意和记忆、思维和问题解决、汉字识别与中文语句及课文理解、儿童认知发展、认知的脑机制、认知的应用研究和计算机模拟等多方面，都取得了一些可喜的研究成果，为丰富世界认知心理学的宝库做出了贡献；在研究的技术手段和方法上，逐渐接近和跟上国际的先进水平。中国心理学家对认知心理学的兴趣，主要表现在两个方面。在理论方面，认知心理学有助于揭示人的认识过程的特点和内部机制。认知心理学反对行为主义的机械论，强调人类认知的主动性、积极性，以及人的认知结构在获得知识中的作用。这些看法对中国心理学家具有强烈的吸引力。在应用方面，认知心理学重视研究高级的认知过程，如学习、问题解决、决策等，从而使心理学能走出实验室的小天地，更直接地为社会服务；认知心理学与一些高、新技术的联系，也使人们向往着它的应用前景。近年来，认知心理学的研究开始深入到社会实践的许多领域，特别是教育领域，出现了用认知心理学的观点探讨教育、教学过程的新构想。这些应用研究的成果也同样吸引着中国心理学家。

中国心理学的发展在很大程度上将决定于新一代心理学人才的培养。张春兴教授高瞻远瞩，在20世纪90年代，联合海峡两岸的心理学家，经过多年的努力，共同编写了世纪丛书《认知心理学》，必将对21世纪中国心理学人才的培养产生深远的影响。

四、同声传译中译员应具备的素质

同声传译工作一向被认为是口译工作的颠峰，因此对译员的素养要求很高。一般来讲，同传译员应受过专门的职业训练并应具备以下素质。

1.扎实的双语能力和口头表达能力

同传译员应该是属于语言敏感型的人。对语言（外语与母语）的捕捉能力要强。对于新生事物要感兴趣并及时记住一些新闻新语的表达。同传译员在工作中是没有时间可以考虑的，因此，平时的语言积累对造就一个成功的译员至关重要。除了要有扎实的双语能力外，同传译员还要有较强的口头表达能力。为了能紧跟发言者，同传译员的讲话速度一般在250字/分钟左右，而一般发言人的语速为150字左右。因此，同传译员一定要"灵牙利齿"，同时要做到言之有序、言之有物。吐字清晰，语言语调流畅、利落。

根据认知理论的信息处理原则，学习者作为认知活动的主体，他已有的知识结构在认知过程中起着重要作用。在言语理解的认知过程中，语言学习者已有的知识经验能对语言输入进行感知、领会、摄入与综合。当前输入的言语信息要与记忆中所存储的有关信息相整合，才能得到理解。如果缺乏相关信息，或者未能激活记忆中的有关信息，就不能或难于实现对言语的理解，更不用说用译语来进行再创造了。

如果学习者不曾朗读过一个词，那么在他的认知结构中就不会存有该词的声音资料，他也就不可能迅速准确地把听力材料中所感知到的内容与认知结构中的相关资料（包括该词的文字符号和意义部分）相互联系，自然也就无法判断它的思想内涵，理解上下文的信息含义。这说明词汇记忆必须重视其完整性，学习者认知结构中的信息储备必须音、形、义兼备。有的学生觉得自己词汇量不小，但是为什么在听音时老会卡壳，究其根源，就是长期养成的音、形、义分离的词汇学习方法。

同声传译要求学生具有把听到的词、词组或句子记住并迅速加工成意群，然后作为一个意义整体记存起来，最后用译语进行信息切换的能力。这要求译员适应外语的语流，善于对连贯的词汇表达作出快速反应，捕捉其大意。单词的音、形、义是相互依赖的整体，所以在习得词汇时一定要有多种感觉器官一起参与，加强对大脑的刺激，提高记忆活动的效率，为快速听音过程中的准确理解奠定基础。

2.掌握百科知识

同传译员所要翻译的会议没有两个完全一样的，所翻译的内容涉及面宽，包括全球发展的方方面面，如政治、经济、文化、科技、人口、环境、卫生、战争、和平等。因此，要求同传译员要"上知天文、下知地理"。对越是熟悉的题材，同传译员的翻译质量则越高。

3.良好的心理素质

良好的心理素质是译员能否顺利完成翻译工作的重要环节。

初步译坛的译员经常会觉得翻译时"心发慌、嘴发紧"，平时熟悉的内容也有可能会译得一塌糊涂。这主要是因为心理素质欠付佳所造成的。同传译员要有良好的心理素质。要能做到"处乱不惊、情绪稳定"。同传译员要有较强的情绪控制能力，在任何情况下都要保持镇定。如果情绪不稳定，就会出现怯场现象，影响理解，影响翻译质量，译员甚至会出现"大脑空白"现象。要保持良好的心理素质，主要靠平时的打造，基础打扎实了，自信心自然有了，有了自信心，心理状态也便容易调整了。

4.有强烈的求知欲望

同声传译的技能包括三大板块：①口译技巧；②专业知识；③语言工夫。三大板块中的后两个都要求译员要不断地学习、积累。如果译员对新知识的习得缺少兴趣，则很难应付日新月异变化的翻译题材。

但是要成为一个合格的口译译员必须要有长期的积累、系统化的训练和不断的自我操练。"罗马不是一夜建成的"，口译译员必须要经过一个艰苦的学习过程。这种学习和积累可以使译员在大脑里形成一个计算机硬盘，而现场处理各种任务的能力如同计算机的内存，从大脑中提取所储备知识的过程长短、快慢就像计算机的应用程序和微处理器。换句话说，口译就是通过译员在极其有限的时间内，通过上海同传设备听辨源语，进行理解和解码，然后进行信息存储，再在头脑中转换信息，进行信息编码，最后创造性地用目标语"复述"给听众的一个过程。

5.团队合作精神

专业化的同声传译工作一般都是2-3人一组，一人做20分钟左右，另一人再接过来，轮流进行。这就要求，同传工作不仅仅要求译员个人素质好，还要求译员之间组成一个和谐的整体。互相配合，做好整个翻译工作。

团队合作体现在以下几个方面：①分工：可以按各个译员的优势进行分工，这样可以在翻译过程中做到取长补短；②译前准备工作：分头进行准备工作，然后互相交流，节约时间，提高效率；③轮空休息的译员应帮助在线译员做好辅助工作，包括笔记、清除干扰、监视设备等。总之，在同传翻译过程中，译员要互相体谅、互相支持。

6.职业道德

译员应该遵守会议译员职业道德规范。如：保守秘密、保持中立、准确翻译等。译员应严格遵守《国际会议口译工作者协会关于职业道德准则的规定》。译员不应该对会议发言人进行任何评论。另外对超出自己能力范围之内的翻译任务不应该接受，哪怕报酬很高。一旦接受了翻译任务，就要按时、按质完成。

五、结束语

同声传译是外事工作的重要组成部分，由于其工作的高强度和高回报，使许多人对其产生神秘感。以上根据同声传译的特点，从同声传译译员必须具备的各种素质能力和同声传译训练中应该注意的问题，对同声传译译员的必备素质进行了探讨，认为同声传译译员首先要有很强的语言理解能力并精通两种以上语言，其次在翻译过程中要有敏锐的听力，同时还要具有良好的记忆力和预测能力。

随着中国加入WTO,国际社会交流愈发密切和必不可少,对高层次口译人才需求也随之不断加大，相应地口译研究也引起了越来越多的关注。近几年来，特别是对同声传译中译员的心理素质的培养，也逐渐引起了国内外心理学家以及教育学家的关注。可是，从认知心理学角度研究同声传译中译员的心理素质的培养的学者以及著作还很少。因此，今后想从认知学角度对同声传译的过程，训练技巧以及同传的原则进一步探讨研究，想把这些作为今后的研究课题。

参考文献：

1. 张维为.英汉同声传译〔M〕.北京：中国对外翻译出版公司，1999.

2. 张大均.教育心理学〔M〕.北京：人民教育出版社，2004.

3. 彭聃龄，张必隐.认知心理学〔M〕.杭州：浙江教育出版社，2004.

4. 刘宁.日汉互译教程〔M〕.南京：南开大学出版社，2004.

5. 刘丽华.中日口译教程〔M〕.北京：外语教学与研究出版社，2005.

成果二：从认知语言学翻译观看日汉翻译

李红梅

沈阳师范大学，沈阳110034

摘　要：认知语言学的翻译观，强调翻译是一种认知活动，认为它具有一定的体验性、多重互动性，以及一定的创造性和语篇性、和谐性，其目标是"作者"、"译者"、"读者"三个要素的和谐统一。要求译者既要理解原作的情感意图，又要深入体会原作者的交际意图。而且，强调翻译过程中存在着两个世界，一是作者在作品中描述的客观世界；二是译者理解原作的认知世界、读者理解译作的认知世界，只有实现两个世界的和谐，翻译活动才具有真正意义。

关键词：体验性；互动性；创造性；语篇性；和谐性

一、研究依据及其研究意义

不同国家和民族拥有自己的语言和文化，国与国、人与人之间要达到沟通，就必须有翻译。翻译，作为人类交往的一个必须与必然的手段，作为不同文化传播的媒体，在日益国际化的今天起到了极为重要的作用。我们的翻译无论是在书面翻译还是在口译方面，长期以来大多定义为不同语言之间的转换。这种简单保守的翻译模式，虽然能最大限度地忠实于语言本身的含义，但在翻译过程中容易忽略各国之间的文化差异，无形造成了新的隔阂和新的文化障碍。

翻译与语言有着密不可分的联系，翻译过程本身就是一种认知活动，从事翻译就必须研究语言。但翻译涉及的是两种语言，不是一种语言，因此必须进行两种以上不同语言之间的对比研究。作为跨文化交际的桥梁，翻译不是单纯地将原文转换成译文，而是对人们长期以来形成的认知活动在不同文化背景中的一种转译。翻译中两种不同语言的对比研究的主要目的与一般比较语言学有所不同，并不是简单的从语言体系揭示两种语言在语音、词汇和语法结构等方面的异同，而是重点研究在特定语境中的具体语言的意义，搞清同一意义在原作和译作中表达方法的异同，并在此基础上找到克服不同之处的典型翻译方法并从中总结归纳出相应的翻译技巧。

研究翻译学首先离不开语言学，而认知语言学是认知心理学与语言学相结合的一门新兴边缘分支学科，它提出语言的创建、学习及运用，基本上都能透过人类的认知而加以解释，因为认知能力是人类知识的根本所在。作为一门"以人为本"的语言理论，认知语言学既充分考虑到了语言研究中的人的因素，强调语言与人的身体体验和认知密不可分，同时又指出语言能力作为人类整体认知能力的一部分，其产生和发展反过来又推进了人类认知的发展。由此可见，认知语言学与翻译也有着密不可分的关系。

不同的言语社会，由于文化、历史、环境、思维方式、生活方式、认识水平等不同，各种语言截取外界事物的方式也不同。同时，人类的语言、思维又具有共通性，能够保证翻译活动的正常进行。对于翻译观的研究，很多都是从翻译的方法、翻译的策略和翻译的原则着手进行。从认知语言学的角度来看翻译，研究认知语言学视角下的翻译观，这是对以往研究的补充，也能够帮助译者从各个角度来了解翻译。本论文拟在从认知语言学翻译观的视角下探讨新型的日汉翻译模式，不仅具有理论意义更有其实践的指导意义。

二、认知语言学的翻译观

认知语言学认为语言不能独立于人类的自身体验，语言能力只是人类一般认知能力的一部分而已，即我们必须从人的一般认知能力来研究语言，因为语言是体验和认知的最终结果。认知语言学的基本观点可以视为"现实—认知—语言"的过程。从语言翻译的角度来看，翻译是以现实体验为背景的认知主体所参与的多重互动作用为基础的，既是读者又是译者在透彻理解原语所表达的各种意义的基础上，尽量将其在目标语中完整地表达出来，在译文中着力描绘出作者所要表达的现实世界和认知世界。

认知语言学的翻译观，强调翻译是一种认知活动，认为其具有一定的体验性、多重互动性，以及一定的创造性和语篇性、和谐性等。只有相同的体验才能够引起双方的共鸣，才能够保证翻译活动的顺利进行；翻译过程中强调译者与作者的互动、译者与读者的互动，缺少任何一方，翻译活动都难以进行，或者说是没有意义的；同时，人的认知一方面基于体验，一方面又具有差异性和创造性。体验性决定翻译具有可译性，创造性决定翻译具有不可译性。翻译以语篇为基本层面，指出翻译的过程并不是简单的单词和句子翻译，而是要将翻译内容放在语篇的段落、文章中进行整体分析，反映出语篇的整体性以及前后的连贯性和风格的一致性。在经过一系列的认知和翻译过程后，期望达到的目标是"作者"、"译者"、"读者"三个要素的和谐统一。要求译者既要理解原作的信息意图，又要深入体会原作作者的交际意图，只有这样，才能更好地实现三者之间的和谐，才能保证进行有效的翻译活动。

总之，认知语言学的翻译观强调在整个翻译过程中从开始到结束的各个方面，包括读者和作者的共同的体验性，译者的主体性，作者与译者、读者的多重互动性等等。而且，强调翻译过程中存在着两个世界，一是作者在作品中描述的客观世界；二是译者理解原作的认知世界、读者理解译作的认知世界，只有实现两个世界的和谐的翻译活动才具有真正意义。

三、认知语言学翻译观指导下的日汉翻译

王寅通过认知语言学的哲学基础提出了新的翻译观。即，认知语言学的翻译观认为，翻译是以现实体验为背景的认知主体所参与的多重互动作用为认知基础的，读者兼译者在透彻理解原语所表达的各种意义的基础上，尽量在目标语言中表达出来，在译文中着力勾画出作者所要表达的现实世界和认知世界。

认知语言学的翻译观主要体现在以下几个方面，即翻译的体验性、多重互动性、创造性和语篇性、和谐性以及翻译的"两个世界"。

（一）体验性

翻译的体验性是认知语言学翻译观的主要体现之一。认知语言学的翻译观认为翻译首先具有体验性，即指作者的认知和理解来自体验活动，译者和读者的认知理解也来自体验活动，只有对文本进行体验性的理解，才能够获得文本原来的创作意图。基于体验性的翻译活动，必然涉及到作者、译者以及读者这三个重要因素。

日语中有大量的拟声拟态词，表达丰富、细腻，可以生动地再现当时状态，准确表达作者的心情，使文章表达生动传神，在日语中占有极其重要的地位。然而由于汉语中与之对应的词较少，拟声拟态词的汉译也是日汉翻译的难点。要想把日语的拟声拟态语翻译得当，必须要体验认识日本人对音声的感觉。日本人比较敏感，容易注意感觉所带来的声音，然而中国人则容易注意声音带来的感觉。像"かさかさ"或者"かばかば"这样的 "カ"行辅音对于日本人来讲，给人干、坚硬感，而汉语译者只有准确地捕捉、合理体验大自然的声音之差，在实际体验理解中日双语的基础之上，才能够准确无误地的翻译出来，否则就会译的一塌糊涂，让读者难以理解、难以接受。

（二）多重互动性

翻译的多重互动包括认知主体与文本间的互动，认知主体与现实世界间的互动，译者与读者之间的互动。不论是认知主体的人、认知主体所存在的现实世界，还是认知的文本，均不能作为独立的存在，本来就是"人中有文"、"文中有人"和"人"在现实中。因此，作为认知主体的人在文本和现实中，将一种语言转换成另一种语言时，一定要反复分析研究文本和译文、读者和译者之间的关系。当然，作为生活在现实生活中的"人"，则必然会受到多种文化因素的影响和制约。总之，在翻译的过程中，我们既要强调认知主体、现实世界、文本等三者之间的互动，又要考虑其不同的文化因素。当日本固有的"和语（和語）"词汇被赋予深厚的日本文化内涵时，汉语中若没有相对应的词语解释，则会给翻译教学带来极大的困惑。

例如"寿司"一词，它充分体现了日本的饮食文化，对这一词的翻译也各不相同。有直译为汉字"寿司"，是基于日本文化的认知；有的是根据制作方法的认知将其翻译为"饭卷";还有的是根据中国料理中发音的"四喜丸子"被音译为"四喜"。作为译者,遇到这样的词汇会感到十分困惑。因此我们在进行翻译时,作为认知主体的"人"必须要不断地对文本、译文、译者的文化背景进行对比,然后才能确定选择更加合理的翻译,从而实现翻译的和谐性。

(三)基于创造性与语篇型的日汉翻译

1.创造性

认知语言学翻译观认为,翻译必须具有一定的创造性,但并非所有的创造都是客观且合理的。作为认知主体的人基于对事物的体验、文化背景、思维方式等都不尽相同,体现在翻译中,就是将原语言转换到目标语的结果会有所差异。但作为原语言的文本经过译者的加工,都被打上了认知主体充分发挥其主观能动性的深刻烙印。翻译活动的主体是译者,所以翻译的认知语言学视角关注译者在翻译活动中所经历的体验、认知和再现等过程。因此,只要能够达到较好的理解原文和反映作者思想的翻译,并且发挥认知主体主观能动性的"创造",才能得到广泛的认可并在翻译教学中的实践应用。

在日本人的认知里,如果不是特指,一般不会使用"一"这一数词。日本人判断单数复数,只要看句中有无表达"多"含义的修饰语,如果没有这样的修饰语,那么日语名词本身可以表示单数"一"。但在中国人的认知里,汉语句子往往必须有明确的单数或复数标识,否则句子会显得十分不自然。例如,对"狐が井戸に落ちましたが、どうしても上がれなくて、困っていました。"这句话的翻译有两种,①"狐狸掉进了井里,怎么都上不来,正在为难。",②"一只狐狸掉进了井里,怎么都上不来,正在为难。"

那么,译文①是基于日本人认知的直译,而译文②很显然是基于中国人的认知,译者进行了再创造,在译文中添加了原文中没有显示的"一只"。在认知环境出现偏差并影响到读者理解译文的时候,作为译者有必要发挥主观能动性,添加适当的译词,合情合理地进行创造性翻译。

2.语篇性

认知语言学翻译观认为,语篇中个别词语、句子的理解和翻译离不开对语篇整体的认知分析,必须深入体会和全面分析句与句、段落和章节所反映的意义,注意前后的连贯性和风格的统一性,从而形成部分与整体的和谐统一。

文学翻译向来被认为是很难翻译到位的体裁之一。因为它不是简单的从一种语言转换为另一种语言的过程，而是要译出作品的"神"和作家的风格特点。比如近年来，诸多译者都对川端康成的小说《雪国》尝试着进行翻译解读，可是其中对文章开头一句话的理解，就表现出了不同的处理方法。有以下三种不同的翻译方法。

译文①：穿出长长的国境隧道就是雪国了。天边的夜色明亮起来。火车停在信号房前面。

译文②：穿过边境上长长的隧道，便是雪国。夜空下，大地赫然一片莹白。火车在信号所前停了下来。

译文③：穿过县界长长的隧道，便是雪国。夜空下一片白茫茫。火车在信号所前停了下来。

从上述翻译方法来看，原文中的一个"国境"就出现"国境"、"边界"和"县界"等三种译法。从整篇文章可以了解到主人公是要去距东京 300 公里的新潟，那么"国境"的直译很容易造成误会，因为"国"在当时的日本相当于国内的地区与地区之间的分界，对于其他国家的读者，大多数人的认知在于国际上国家与国家之间的边境，这样一来，译文①就造成了原文作者与译文读者在认知上的偏差。而译文②"边界"也多用于政治文章中对国境的说明，译文③"县界"在认知上显得更合理一些。因此，在进行语篇翻译时，译者必须注意考虑语篇的整体功能，以及从整体到部分、再从部分回到整体的循环过程。

（四）基于"两个世界"的日汉翻译

认知语言学翻译观认为翻译的两个世界是"客观世界"和"认知世界"，它们是语言形成的基础，也是翻译生成的根本。认知语言学认为任何语篇都是作者创作时对客观世界以及作者认知世界的反映，因而读者可以通过原文语篇体验并认识原作者的"两个世界"———"客观世界"与"认知世界"，在体验认知过程中使原文的意义渐渐地展开，从而达到更深层次的理解。因此，译者必须充分考虑原作者想要描绘的两个世界，并尽可能还原出原作者对这两个世界的正确认知。

日本的诗歌作为一种历史悠久的文学样式，是伴随着人类的劳动而产生，随着社会的发展而发展的。日本的俳句是明治维新后，从日本诗歌中发展成形的，它高度凝练、富于想象、着重抒情。因此对于俳句的翻译，我们既要了解作品的背景，又要熟悉作者的创作背景以及创作风格。

日本著名俳句名家松尾芭蕉先生写的"古池や蛙飛び込む水の音"，是一首脍炙人口的俳句。有人把它分别译为①"古池—青蛙跳进水里的声音"；②"幽幽古池畔，青蛙跳破水中天，叮咚一声响。"；③"苍寂古池塘，不问鸟雀喧、一蛙穿入水，叮咚一声喧。"。仅从以上三种不同的翻译就可以看出，译文①属于按字面意思的直译，译者只体现出了原文的客观世界并未曾踏入作者的认知世界，所以令译文显得非常单薄。而译文②、译文③的译者对眼前事物的理解、认知不一致，欣赏的角度不同，因而所反映的"客观世界"和"认知世界"都不相同，但两种译文又都很丰富厚重，并且各有千秋。

综上所述，在认知语言学翻译观的指导下，译者必须要在译文中充分地再现原作当中所渗透的"两个世界"。因此在进行诗歌翻译时，译者要捕捉并再现原作的艺术形象，用鲜明、生动的语言表达原作，使读者读起来如闻其声、如见其人、如临其境，充分准确地反映原作中的"客观世界"和"认知世界"。

（五）和谐性

基于和谐性的日汉翻译首先探讨的是翻译的标准和方法问题，和谐翻译还要求妥善处理翻译中的各种要素，好的翻译皆是把翻译中的各种要素协调得恰到好处的作品。此外，和谐翻译涉及到了辩证地看待翻译中的基本问题，要对翻译理论和实践要做到统筹兼顾和圆满协调。作为一种超越直译与意译、形式与内容的二元对立的一种协调、折中而圆满的翻译途径，和谐翻译的目的是既要忠实于原文，又要通顺流畅，同时还要兼顾翻译中各种要素，以达到理想协调的圆满境界。

在认知语言学翻译观指导下，翻译要想达到和谐，译者就必须尊重原作和原作者，在此基础之上努力处理好作者、译者、读者之间的互动关系，充分考虑到体验和认知这两个要素的制约作用。除此之外，译者还应在体验认知观的指导下考虑到作者、译者、文本、读者以及外部世界等的协调统一，考虑到主观与客观的统一、内容与形式的统一，从而采取不同的翻译方法与翻译策略，准确地再现"两个世界"，追求解释的"合理性"，最终达到顺应语言文化交际的日汉翻译总目标。

四、小结

由以上分析可以看出，认知语言学翻译观作为一种新兴的科学的翻译理念，能够调动译者的自主意识。当然，翻译作为把一种语言用另外一种语言文字表达出来的活动，涉及认知主体、语言这两个基本的主题。认知主体的人具有不同的思维方式，而不同的语言在词汇、语法等方面既有相同点也有其不同点。

认知语言学视角下的翻译不仅仅是"描写"语言本身，也就是说不仅仅传达信息意图，而是联系使用语言的人的认知活动对语言予以"解释"。所以在认知语言学视角下研究翻译，不应该是"因为一般都这么翻译，所以就这么翻译"的僵化式的翻译。而是要采取深入思考"说话人为什么这么表达。"也就是说，在这样的说话方式背后有着什么样的"把握方式"，有着什么样的"思想"或者"功能"等等。换句话说，翻译不能离开说话人和听话人这种使用语言的"人"，并且要介入"认知"这种"人"的"思想"活动作用，把翻译一门语言作为一种与"人"密切相关的事物来予以考察。

参考文献：

1.胡文仲.文化与交际［M］.北京：外语教学与研究出版社，1994

2.王寅.认知语言学［M］.上海：上海外语教育出版社，2007

3.陈岩.新编日译汉教程［M］.大连：大连理工大学出版社，2010

4.陈云哲于长敏.试论文学翻译的形与神［J］.北京：日语学习与研究，2006

5.铁军.通向翻译的自由王国［M］.北京：中国传媒大学出版社，2006

6.陆留弟.关于高级口译人才培养的思考［J］.国外外语教学，2003

成果三：基于《指南》指导下的高校日语专业 跨文化交际人才培养研究

沈阳师范大学 李红梅

一、研究依据及意义

跨文化交际是指本族语者与非本族语者之间的交际，也指任何在语言和文化背景方面有差异的人们之间的交际。在这其中不同背景的人通过语言进行沟通，语言则是连接的纽带。可以说，每一个国度所应用的语言都有它原本的特点和国家性质，只有了解一个国家的文化，从而将文化背景融入到语言中，才是真正地起到交流的作用。因此，高校日语教学中，学生跨文化交际意识的培养就变得十分关键。

进入新时代，党和国家坚持对外开放的基本国策，为我国日语教育提供了新的发展机遇。2018年1月，教育部颁布了《普通高等学校外国语言文学类专业本科教学质量国家标准》，指出外语类专业旨在"培养具有良好的综合素质，掌握相关专业知识，适应我国对外交流、国家与地方经济社会发展所需要的各外语语种专业人才和复合型外语人才"。2019年5月，教育部启动了"六卓越一拔尖"计划，专业明确提出了新文科建设的具体措施。在这一背景下，于2020年春，"外指委"历经七个春秋出版了《普通高等学校本科外国语言文学类专业教学指南》，凝聚了外语届无数专家学者的心血。《普通高等学校本科日语专业教学指南》（以下简称"《指南》"）指出日语专业旨在"培养具有良好的综合素质、扎实的日语基本功和专业知识与能力，掌握相关专业知识，适应我国对外交流、国家与地方经济社会发展、涉外行业所需要的各日语专业人才和复合型日语人才"。在培养规格中的能力要求中明确提出日语专业学生应具备跨文化交际能力，并把《跨文化交际》课程设置在专业核心课程里。

《指南》是落实《国标》精神的具体体现，是指导日语专业本科教学的方针大政。本课题基于《指南》指导下，尝试分析我国高校日语专业在《指南》指导下所应当采取的跨文化交际人才培养模式，希望能够以此来促进各高校日语专业的跨文化交际人才培养水平的不断提升。

二、研究内容

1.树立明确的人才培养目标

在培养学生的跨文化交际能力的过程当中，应当致力于让学生掌握不同文化语境下的社交技巧。为了实现这一目标，首先通过有效的培养措施，来提升学生的认知能力。具体来说，就是要让学生建立起文化多样性的观念，并在这一观念的指导下，改变自身的行为方式，增强国际交往过程当中的情感能力。与此同时，还可以从情感层面出发，提升学生对其他文化的包容能力和接纳水平。最后，还要为学生提供大量的国际交往机会，让学生能够在和其他文化进行密切接触的过程当中，逐步拓宽自身的国际视野。

2.建立起一支高精尖的师资团队

日语专业之所以无法在培养跨文化交际人才的过程当中取得显著的成效，究其本质，与师资力量的匮乏有着密不可分的联系。成立专门的科研团队，让教师在深入研究跨文化交往课题的过程当中，不断提高专业知识的理解深度。最后，通过"走出去"等一系列措施，来拓宽教师的国际化视野。比如说可以建立起和日本学校之间的夏令营活动桥梁和学术交往桥梁，让教师能够在这些交流活动当中吸收更多的国外文化知识，从而拓宽自身的国际化视野。

3.对教材内容进行科学的编写

在编写教材的过程当中，应当采取自编教材和引进教材相结合的模式，除此之外，要在其中充分融入丰富的外语教学思想，这样才能够真正拓宽学生的视野；在编写教材的过程当中也要考虑到社会的发展情况，充分提升知识的实用性，并注重对学生进行思想上的启发；尽量引进多种版本的日文教材，不断丰富教材内容，同时和其他高校之间进行相互的借鉴；借助于信息技术，来挖掘教材当中的文化内容。并通过丰富的教学形式，来为学生创设灵活的语言背景。

4.对课程体系进行优化

应当致力于优化自身的文化教学课程体系，在明确课程整体教学目标的同时，不断在其中补充具有实践性和国际性的教学内容。例如设置时事讨论课堂，让学生充分运用自身已经掌握的文化知识和语言知识，来分析和讨论当前发生的国际时事。这样一来，不仅能够充分调动学生的思维辨析能力，与此同时，还能够在很大程度上使得学生对于国际文化的理解水平获得相应的提升。

5.丰富教学策略

教学策略的丰富性和灵活性在很大程度上决定了学生学习兴趣的浓厚水平。而为了培养具有国际化视野的跨文化交际人才，必须致力于优化自身的教学模式，同时不断丰富自身的教学策略。还可以和日本等高校搭建良好的学术交往平台，让学生能够通过线上线下等多种丰富的渠道，了解到国外的文化思想，进而提升他们对于跨文化学习过程的积极性。

6.帮助学生建立起正确的学习理念

学生是否能够建立起正确的学习理念，将会对他们的跨文化能力水平产生深远的影响。从本质上来看，学习是一个将外部的知识转化为自身经验的过程，这个过程是螺旋向上、不断发展的。而跨文化能力的学习过程也是如此。在这个学习过程当中，学生是否能够不断提升自身理解新文化背景的能力，并将这种能力整合到自身的价值观体系当中，将会对他们的综合发展起到不容忽视的作用。

三、研究价值

本课题的研究成果对高校日语专业培养跨文化交际人才有一定的理论意义和现实意义。从社会需求角度来看，适应《指南》这一新时代需求，对培养具备国际视野、较强沟通能力的复合型人才具有一定的贡献作用。从就业角度考虑，具有较强的跨文化交际能力的人才不但在将来的社会中拥有更多就业机会、更大的就业平台,也能更好地实现自身的社会价值人生价值。

成果四：基于认知语言学的高校日语专业高级口译课程设置及课程特色研究

李红梅

摘　要：口译作为各领域内国际交流与合作的重要途径和桥梁,在当前世界起着越来越重要的作用。口译研究和教学也方兴未艾,并有蓬勃发展之势。笔者从认知语言学的视角分析高校日语专业高级口译课程设置与课程特色，阐述了该课程在口译人才培养过程中所起的作用。

关键词：认知语言学；课程设置；课程特色；人才培养

一、序言

认知语言学是语言学的一门分支学科，创立者普遍被认为是乔治·雷可夫、马克·约翰逊及朗奴·兰盖克，其中雷可夫及约翰逊专门研究语言中的隐喻及其与人类认知的关系，而兰盖克专门研究认知语法。它以第2代认知科学和体验哲学为理论背景，在反对主流语言学转换生成语法的基础上诞生，大约在1980年代后期至1990年代开始成型。由于认知语言学尚未最后形成一个完整的系统学科，各路学者对其理解也是仁者见仁、智者见智，因此尚未形成一个关于认知语言学的严密而又完整的定义。认知语言学涉及人工智能、语言学、心理学、系统论等多种学科，它针对生成语言学天赋观，提出：语言的创建、学习及运用，基本上都必须能够透过人类的认知而加以解释，因为认知能力是人类知识的根本。

口译作为各领域内国际交流与合作的重要途径和桥梁,在当前世界起着越来越重要的作用。口译研究和教学也方兴未艾,并有蓬勃发展之势。口译研究和心理学、社会学、教育学、认知学等各学科广泛结合,跨学科研究的趋势越来越突出。正如马林诺夫斯基(1923)提出的语言"只有置于一定的情景语境下才可被理解",口译作为一种交际活动也只有在一定语境下才能完成。一名合格的口译工作者既要具备较强的口译能力，又要具备超强的认知能力。两者间的关系即是：认知能力是口译能力的有效培养手段；口译能力是认知能力的最终培养目标。因此，笔者认为探究高校日语专业高级口译课程设置及其课程特色也离不开认知语言学的视角，两者是密不可分的。

二、高级口译课程设置

课程设置是指一定学校选定的各类各种课程的设立和安排。以往，人们把"课程设置"仅仅理解为学科课程的开设，这是不够全面的。课程设置主要规定课程类型和课程门类的设立，及其在各年级的安排顺序和学时分配，并简要规定各类各科课程的学习目标、学习内容和学习要求。课程设置主要包括，合理的课程结构和课程内容，合理的课程结构指各门课程之间的结构合理，包括开设的课程合理，课程开设的先后顺序合理，各课程之间衔接有序、能使学生通过课程的学习与训练，获得某一专业所具备的知识与能力。合理的课程内容指课程的内容安排符合知识论的规律，课程的内容能够反映学科的主要知识，主要的方法论及时代发展的要求与前沿。课程设置必须符合培养目标的要求，它是一定学校的培养目标在一定学校课程计划中的集中表现。

高级口译课程是日语专业三、四年级翻译系列课程中的一门专业必修课，不仅是日语专业本科教学环节中一门应用与实践紧密结合的重要课程，而且也是日语课程的延伸应用。该课程需要掌握相当数量的词汇、句型和语法，并在已有一定听说训练的基础上进行。口译能够体现语言的交际功能，是学习和掌握语言能力的重要一环。在21世纪国际交流频繁，信息爆炸的今日对外交流日益增多，对外语人才的要求也越来越高。所以该课程的教学目标是：提高学生的语言表达能力，掌握不同场合不同内容的相关的常识与知识，娴熟地进行口语翻译，以顺应形势。应用所学知识，提高学生的综合能力是该课程教学的另一个重要目标，即学生能够掌握和活用所学语言与知识，培养和提高较高素质的学生，为将来的就业起到一定的积极作用。鉴于本课程的特点，笔者认为该课程的教学应该以熟练掌握语言及特点，在具有一定认知能力的基础及前提下，运用娴熟的日语及汉语语言习惯进行日汉互译训练与实践，同时注意培养学生的认知能力、迅速反应能力及分析能力，有效地提高学生口译和交际方面的能力。

三、高级口译课程特色

高级口译课程作为一门语言技能与专业知识、文化素养及交际能力相结合的实用型、综合型课程，是日语教学的一个重要组成部分，也是不可缺少的课程。就课程建设的现状而言，该课程主要具有如下几点特色。

首先，加强听力训练，为口译打下夯实的基础。

提高听力理解能力是做好口译的最基本的条件。即，充分重视并加强对积极倾听与逻辑分析的训练，为口译教学打下夯实的基础。还有，特别要加强"边听边记"的协调性，克服在听的过程当中的"不安"心理。因为，认知是记忆的基础，记忆是在认知活动的前提卜实现的。例如，在规定时间内要求学生阅读消失的段落，培养学生快速获取关键词和接续词的认知能力，并将主要信息以符号呈现出来，鼓励学生通过视觉化手段加强记忆。记忆能力与认知能力也是密不可分的关系。

其次，强化技能系统，提高口译认知能力。

有效的口译训练指导必须是一个完整的系统，口译技能的检验标准是综合知识的运用技能，只有学习者将各项技能综合在一起，灵活运用，方能达到最终目的。以技能为主线开展口译教学，有助于提高学生对口译活动的认知能力，使教师从传统式语言教学转变为注重语言、技能与文化背景三者的有机融合。学生在认知基础上，根据技能选择话题范围、材料难度和任务场景。由于学生认知能力的高低不一，所选择的话题范围、材料难度和任务场景等有较大差距。但这并不意味着学习者就必须一字不漏地跟着口译技能系统走下去，学习者的水平千差万别，各项技能的强弱分布也不尽相同。因此，学习者可以根据自己的实际情况有选择地去学习和训练，以达到更好的效果。

再次，引入评估机制，量化训练指标。

口译课的训练评估始终是教学上一大难题，当今国内乃至世界上发达国家对此难题还没能找出理想的答案。训练评估既要考虑科学客观，又要照顾特定的训练目标和技能；既要关注普遍的水平，又不能忽视个人的需要；既要进行面上的检查，又要鼓励进行自我检测；即要把握训练进度，又要注重心理素质的锻炼与培养。通过评估机制的引入，可以建立每个学习者的评估档案，学习者能够更直观地提升口译意识、针对教师给出的诊断及提出的建议不断完善学习者自身的口译能力。比如，学习者个人发表考评、小组讨论总结考评、个人书面报告考评等等。

最后，创建网络平台，鼓励自主学习。

口译实训平台主要用于为外语教学提供实用、有效的口译教学与学生自主训练学习等。口译网络自主实训平台的建立，能使口译教学实现事半功倍的效果。通过网络互动实训平台，教师能够控制所有学生进行集中口译教学，切换教学模式，并能够实时控制学生的学习进度，进行示范与点评。反之，学生通过网络互动实训平台，能够自主选择训练模式、选择训练的语料自主进行口译训练。这样学习者可以进行口译自评，提高学习者自我认知能力及判断能力。而且，教师与学习者还可以随时随地在网上交流讨论、分享学习资源，实现师生互动。

四、结束语

"随着中国改革开放步伐的加快，口译的需求量越来越大，学生对口译的兴趣越来越浓，呼声自然呈上升趋势。教育部门做出决定，将口译课变为外语高等学校各语种的必修课程，口译课无人问津的现象逐渐成为历史"(刘和平，2002)。口译教学的主要目的是培养学生的口译技能意识，使学生掌握口译的主要技巧，熟悉口译的过程和特点，了解口译工作者必须具备的条件；或者说"口译培训的根本目的还是让学员掌握口译的基本技能，进入社会后尽快胜任翻译工作"。作为口译教学工作者就必须探索成功翻译的奥秘，制定符合口译规律，行之有效的口译大纲，指导学生科学地训练口译技能，使口译培训成为翻译教学而并非教学翻译，同时，使其通过口译不断提高母语和外语水平。

高级口译课程作为一门语言技能与专业知识、文化素养及交际能力相结合的实用型、综合型课程，是日语教学的一个重要组成部分，也是不可缺少的课程。就课程建设的现状而言，该课程主要具有加强听力训练，为口译打下夯实的基础；强化技能系统，提高口译认知能力；引入评估机制，量化训练指标；创建网络平台，鼓励自主学习等特色。

总之，日语专业高级口译课程是学生在具有一定认知能力的基础及前提下，运用娴熟的日语及汉语语言习惯进行日汉互译训练与实践。更重要的是通过本课程的学习，不仅能培养学生的认知能力、迅速反应能力及分析能力，还能更有效地提高学生口译能力、交际能力以及创新能力。这不仅为我校的日语口译人才的培养做出较大的贡献，为我省其他高校也提供了一个新的口译人才培养模式。

参考文献：

1.彭聃龄，张必隐.认知心理学［M］.浙江教育出版社，2004.
2.王寅.认知语言学［M］.上海外语教育出版社，2007.
3.刘和平.口译理论与教学［M］.中国对外翻译出版公司，2005.
4.常波涛.日汉互译基础与技巧［M］.大连理工大学出版社，2005.
5.仲伟合.译员知识结构与口译课程设置［M］.中国翻译，2003.
6.孔繁明.日汉翻译要义［M］.中国对外翻译出版公司，2004.
7.张小林.简明日汉翻译技巧研究［M］.科学技术文献出版社，2004.
8.伊藤广美.会议翻译［M］.研究社，2009.

成果五：浅谈拟声拟态词在文学作品中的翻译策略

——以《伊豆的舞女》三种汉译本为例

李红梅

摘　要：在日本的众多文学作品中，存在大量拟声拟态词。这些拟声拟态词不仅在人物描写方面起到画龙点睛的作用，还可以用来表达人物丰富的情感，奠定文章基调从而增加文学作品的色彩。为了能够深入理解日本文学，体会其中语言文字的魅力，对于文学作品中出现的拟声拟态词的译文处理就显得重中之重。本文以小说《伊豆的舞女》三种汉译本中拟声拟态词的翻译为中心进行对比研究。研究对象分别为高慧勤、叶渭渠、林少华的《伊豆的舞女》中文译本。旨在通过不同译者的汉译本研究，从而总结并整理日本文学作品中拟声拟态词的翻译策略。

　　关键词：伊豆的舞女；拟声拟态词；译本研究；翻译策略

Abstract: A substantial number of onomatopoeic and mimetic words are used in numerous Japanese literary works. They add a crowing touch in characterization and convey a wealth of emotions of characters, which serve as setting keynotes of articles so as to highlight the artistic variety of the works. Translation of onomatopoeic and mimetic words in works is of the top priority to further comprehend the Japanese literature and the glamour between the lines in those works of art. The study is conducted to compare the dissimilar translation of onomatopoeic and mimetic words in different versions of The Dancing Girl of Izu separately translated by Gao Huiqin, Ye Weiqu and Lin Shaohua, aiming at summarizing translation strategies in diverse Chinese translations in translating onomatopoeic and mimetic words in Japanese literary works.

Key words: The Dancing Girl of Izu; Onomatopoeic and mimetic words; The study of diverse translations; Translation strategies

一、引言

　　拟声拟态词作为日语的一大特色，不仅渗透于日常生活，而且还频繁出现在文学作品中。日语的拟声拟态词数量庞大且表达生动细腻，常伴有丰富的感情色彩。日本著名的小说家川端康成的短篇小说《伊豆的舞女》，从字数来看一共还不到2万字，可在这部作品中出现了数量较多的拟声拟态词。据统计，在短篇小说《伊豆的舞女》中，共有54个拟声拟态词，其中有12个拟声词，37个拟态词。因此，笔者认为对拟声拟态词的考察显得尤为重要。只有正确理解日语的拟声拟态词并准确地用汉语表达出来，才能使我们更加懂得文学作品原本要传递出的寓意，便于揣摩日本的文字，体会文学作品中的细腻情感。因此，出彩的拟声拟态词的翻译能够使我们体会到文学作品中字里行间的情感，真正实现译作的"信、达、雅"。

　　国内著名的翻译家高慧勤、叶渭渠、林少华等都对《伊豆的舞女》进行了翻译创作，并且对该小说中出现的拟声拟态词的翻译也大不一样。本文以小说《伊豆的舞女》中拟声拟态词的三种汉译本研究，归纳总结日本文学作品中拟声拟态词的翻译策略与方法。

二、拟声拟态词的结构形态

在日语词汇中，拟声词和拟态词的数量相对较多，并且在声音、语法、构词等方面具有趣味盎然、丰富多彩的特点，对于外语学习者来说是较难掌握的。但从它的结构来看，还是有一定的规律。陶振孝和徐一平曾在《日译中教室》里，就拟声词和拟态词的分类进行了大胆的尝试。

从形态结构来看，比较常用的有A型、AA型、AB型、ABAB型等。A型的构词意义是表示一种简单的声音或动作，当需表示连续发出的声音时，也可以反复单音节，例如"ピッ（と）"、"ドッ（と）"等。AA型的构词意义是表示连续发出的声音，例如"グッグッ"、"チューチュー"等。AB型的构词意义是表示较复杂的一个声音，例如"ガツン（と）"、"スクッ（と）"等。ABAB型的构词意义是表示声音的反复，例如"よろよろ"、"ヨタヨタ"等。

三、《伊豆的舞女》中拟声拟态词的翻译

（一）拟声词的三种汉译本

1.拟声词「ぽろぽろ」

在《伊豆的舞女》原文中，有一段这样的描写。在男主人公"我"和艺人们分开之后，心理发生巨大变化。当时，男主人公"我"虽然不能坦率地接受别人的好意，但又能够热心地帮助困境之中的人们。在这里作者用拟声词「ぽろぽろ」形象地描写了男主人公"我"怀着这样的情感在船舱中肆意流淌着眼泪，让头脑变得清晰，心情也随之舒畅的心理。高译文是"书包上满是跌落的泪珠"，未能将这种眼泪的声音翻译出来，忽视了「ぽろぽろ」的涵义和其在文学作品中的效果。在叶译文中译为"我的头脑恍如一池清水，一滴滴溢了出来。"，把拟声词「ぽろぽろ」译成了"一滴滴"，它与「ぽろぽろ」原

本涵含义偏差不大，属于中规中矩的翻译，这会让读者与作品中的主人公产生
共鸣。林译文是"脑袋像水一样一清到底，水四下流溢"，将「ぽろぽろ」译
为"四下流溢"。虽未对照汉语的象声词进行翻译，也并未翻译出「ぽろぽ
ろ」想要强调的状态，但"四下流溢"却展现了林译超高的语文功底，使读者
依旧能够身临其境，感同身受。

2.拟声词「ざらざら」

在《伊豆的舞女》原文中，有一段这样的描写。在艺人一行中有一个可
爱又非常爱羞涩的小舞女，有一次她为客栈的客人们表演之后，把赚来的钱
交到阿妈手上。在这里作者用拟声词「ざらざら」描写了小舞女的可爱又轻快
的动作。高译文是"舞女一边说，一边把手里握的紧紧的五角钱币放在阿妈的
手上。"，没有把「ざらざら」翻译出来。叶译文是"舞女说着，把手里的五
角钱银币放在阿妈的手掌上。"，也没有把「ざらざら」翻译出来，均属于漏
译。

「ざらざら」在《日语拟声拟态词辞典》中解释为，沙状、粒状的坚硬
物体大量摩擦发出的声音。林译为"小舞女从攥紧的拳头里往老妈掌心哗啦啦
撒下五角银币。"，将拟声词「ざらざら」译为"哗啦啦"，符合银币相互碰
撞时发出的声音。"哗啦啦"不仅符合原文语言，也能从侧面反映出小舞女天
真活泼的内心境界和可爱的动作。

3.拟声词「かちかち」

在《伊豆的舞女》原文中，有一段这样的描写。男主人公"我"为了追
上舞女们被雨淋湿，后来在避雨的茶馆里和舞女们巧遇的情景。在这里，作
者使用了拟声词「かちかち」生动形象地描写了当时男主人公"我"被雨淋的
冻得直哆嗦，牙齿上下碰撞时发出的响声。高译本是"我冻得全身起了鸡皮疙
瘩，上下牙直打架，浑身哆嗦不已。"，还是没有译出拟声词「かちかち」。
但叶译和林译则都将「かちかち」巧妙地翻译出来。叶译本是"我的皮肤起
了鸡皮疙瘩，牙齿咯咯作响，浑身颤抖了。"，把拟声词「かちかち」译成
了"咯咯作响"；林译本是"我身上起了鸡皮疙瘩，牙齿咯咯作响，直打寒
战。"，符合「かちかち」的词义且贴合原文语境，从牙齿碰撞的声响中烘托
出"我"当时被雨淋又受冻的生动形象。

（二）拟态词的三种汉译本

1.拟态词「いらいら」

在《伊豆的舞女》原文中，有一段这样的描写。男主人公"我"在孤独一人的旅途中，在茶馆与小舞女一行偶然相遇，感到非常兴奋。但没呆一会儿小舞女她们就要动身离去，就在这时男主人公"我"被旅馆的阿婆死死缠住脱不开身。当时，男主人公"我"怕小舞女她们走远，因为"我"想和她们一起走，但又碍于面子不好意思马上起身。在这里作者用拟态词「いらいら」形象地描写了男主人公"我"焦急的内心世界。高译本是"虽说仍在炉边，但我的心却万般焦急。"，把拟态词「いらいら」译成了"万般焦急"；叶译本是"我身在路旁，心却焦也万分。"，把拟态词「いらいら」译成了"焦也万分"，两个译本的共同点就是都有"焦"字。这两种翻译能直接透过文字感受到主人公焦急的心理状态。林译为"我这么想着，在炉旁坐立不安。"，把拟态词「いらいら」译成了"坐立不安"，运用中国的成语，成功在表情和举止上体现了"我"当时的站也不是，坐也不是的内心境界，将男主人公"我"的这种心绪不宁的情绪表达得淋漓尽致，达到了翻译的最高境界。

2.拟态词「ほっと」

在《伊豆的舞女》原文中，有一段这样的描写。男主人公"我"一路小跑地去追赶小舞女一行人，最终在茶馆成功追到，站在门口喘气的情景。高译本是"费了九牛二虎之力才来到一间位于天城岭北口的茶馆，喘了喘气后，便站在茶馆门前，纹丝不动了。"，把拟态词「ほっと」译成了"喘了喘气"，反映了男主人公"我"为了追赶小舞女她们，奋力追赶了好久，呼吸急促的样子。叶译本是"好不容易爬到了天城北岭口的一家茶馆，吁了一口气，呆若木鸡似地站在茶馆门前。"，把拟态词「ほっと」译成了"吁了一口气"，则表现了男主人公"我"轻轻喘息，舒缓心情的样子。林译本与高译和叶译有些不同，她的译文是"刚刚舒了口气，随即在门口站住不动。"，把拟态词「ほっと」译成了"舒了口气"，则妙在"舒"这一字上，能够反映当时主人公成功追赶上小舞女一行人后如愿以偿，得到放松的心理状态。

总之，笔者通过对高译、叶译、林译等三种汉译文本的对比分析，将拟声拟态词在文学作品中的翻译策略做出以下几点总结。

（1）尽量按照汉语的表达习惯翻译文学作品中的拟声拟态词。如用汉语的象声词进行翻译，译者首先要考虑到汉语的表达习惯。只有这样才能易于中国读者理解，使中国读者体味到日本文学的色彩，达到翻译的最高境界。

（2）日语词汇中的拟声词和拟态词的数量较多，而汉语词汇中的象声词远远不如日语中的多，所以很难完全将日语中的每一个拟声拟态词都找到汉语中对应的象声词。因此，译者在翻译的时候可以根据语境，采用汉语中的成语、惯用语或象声词来翻译。

（3）拟声拟态词的翻译可以伴随词性的转化。很多原著中的拟声拟态词译成汉语后变成了动词、形容词、副词或者其他词性。

四、结语

对于拟声拟态词的翻译策略研究，需要考虑到多种情况。要站在整体的语境下斟酌翻译，这样才能最大限度地保留原文的文体风格。尤其是文学作品的翻译讲求保留原文的风格、韵味和思想感情。笔者认为只有将拟声拟态词出彩地译出来，才能凸显出文学作品的语言文字的巧妙、传神之处，精准再现作者的意蕴。总之，服务于读者，才是翻译的最终目标。

参考文献：

1. 秦昕.《伊豆的舞女》中文译本中拟声拟态词的翻译［D］.知网，2014

2. 张秀华.日汉拟声拟态词及翻译方法探讨［J］.天津外国语学院学报，2001

3. 张婷.日本文学作品中拟声拟态词的应用与汉译模式探讨［J］.陕西教育学院学报，2010

4. 刘畅.日语的感性表达分析——以拟声拟态词为例［J］.社教导刊，2015

成果六：浅析跨文化语境下的翻译与文化转向

李红梅

一、引言

翻译，简单说来就是通过语种转换把一种语言所承载的信息转移到另一种语言当中。自古以来。翻译就在文化交流中起着举足轻重的桥梁作用。人类是社会性的动物，有交际的需要。同样，不同的人类文明之间也有沟通的需要，因为各文化之间的交流是人类文明发展和前进的动力。各种类型的翻译作品通过语言文字来展现不同民族和国家的文化，翻译也一直扮演着文化传播者和文化沟通载体的角色。正是因为有了翻译，各个国家和民族之间的文化交流才得以实现。翻译不仅促进了各国、各民族自身文化的繁荣，更丰富了世界文明，促进了世界文明的发展。可以这样说，翻译不仅是信息在文本之间的过渡，更是在文化之间的过渡，它的实质是一项以交流信息为目的的跨语言、跨文化的活动。

二、文化转向的起源及意义

翻译不仅仅是语言层次上的问题，更是文化层次上的问题。在二十世纪七十年代，以霍尔姆斯、巴斯奈特和勒菲弗尔为代表的文化学派提出了"翻译的文化转向"这一口号，把翻译的重点由作者转向读者，从原语文化转向译入语文化，为翻译研究打开了新的文化视野和途径。

1.文化转向的起源

追根溯源，当代国际译学界的翻译研究中出现的文化转向并非偶然，而是有其一定的历史渊源。粗略而言，这种渊源也许可以追溯到十九世纪德国施莱尔马赫和洪堡特对翻译语言本质的论述。早在十九世纪初，1813年，施莱尔马赫在其于柏林皇家科学院学术讨论会上宣读的论文《论翻译的方法》中，就已经注意到说话人与语言之间存在的双重关系。作为古典解释学先驱者的施莱尔马赫，他对翻译语言的见解明显地透露出他的解释学立场，同时也跳出了单纯从语言转换层面看翻译问题的视角，让我们看到了译者进行翻译时与译者所处的时代、文化语境之间的密切关系。

当然，翻译研究的语言学派理论的全面确立和发展主要还是在二十世纪后半叶。因为，前半叶西方翻译事业的发展和繁荣主要体现在翻译活动和翻译产品的数量上。从五十年代起，西方出现了一批运用现代语言学的结构理论、转换生成理论、功能理论、话语理论、信息论等理论的学者。他们把翻译问题纳入到语言学的研究领域，从比较语言学、应用语言学、社会语言学、语义学、符号学、交际学等角度，提出了相对严谨的翻译理论和方法，开拓出了翻译研究的新领域，给传统的翻译研究注入了新的内容。他们是当代西方翻译史上名副其实的翻译理论家，其中最主要的代表人物有雅可布逊、尤金·奈达、劳伦斯·韦努蒂、卡特福特、彼得·纽马克等人。正是这批学者对翻译问题的学术探讨，即他们代表的当代西方翻译研究中的语言学转向，揭开了当代西方翻译研究史上的理论层面。

二十世纪七十年代欧洲"翻译研究派"兴起，该学派主要探讨译文在什么样的文化背景下产生，以及译文对译入语文化中的文学规范和文化规范所产生的影响。其主要代表人物有霍尔姆斯与勒菲弗尔。勒菲弗尔原为比利时学者，后移民美国。任德克萨斯州大学奥斯汀分校德语系和比较文学系教授。尽管翻译研究派起源于欧洲，但是由于勒菲弗尔的影响，这一学派在大西洋彼岸的美国得到了发展。1990年巴斯纳特与勒菲弗尔合编的《翻译、历史与文化》一书中首次提出翻译研究的"文化转向"问题，许多学者表示认同，并积极投入该领域的研究，使译学理论又一次获得突破性进展，最终形成了西方译学的文化学派。

2.文化转向对翻译研究的意义

从语言转换到翻译行为本身。语言转换只是对两种语言转换的技术问题的探讨，而翻译行为本身则是对语音、语法、语义等一系列的等值问题的研究。当代西方翻译研究中的等值论等研究，旨在对翻译进行的微观分析，使人们有可能更加清楚地接近翻译的过程和目标。

从单向走向多维。当代翻译研究把翻译视为宏大的文化语境中的组成部分，研究者开始关注翻译研究中语言学科以外的其他学科的因素。他们一方面认识到翻译研究作为一门独立学科的性质。另一方面又看到了翻译研究这门学科的多学科性质，注意到它不仅与语言学、而且还与文艺学、哲学甚至社会学、心理学等学科都有密不可分的关系。但是，翻译研究最终关注的当然还是文本在跨文化交际和传递中所涉及的一系列文化问题。在这种情况下，翻译不再被看作是一个简单的两种语言之间的转换行为，而是译入语社会中的一种独特的政治行为、文化行为、文学行为，而译本则是译者在译入语社会中的诸多因素作用下的结果。在译入语社会的政治生活、文化生活、乃至日常生活中扮演着有时是举足轻重的角色。

从自身到全局。当代西方的翻译研究不再局限于翻译文本本身的研究，而是把目光投射到了译作的发起者、译者和接受者身上。它借鉴了接受美学、读者反应等理论，跳出了对译文与原文之间一般字面上的忠实与否之类问题的考察，而注意到了译作在新的文化语境里的传播与接受。注意到了翻译作为一种跨文化的传递行为的最终目的和效果，还注意到了译者在这整个的翻译过程中所起的作用等等。这无疑是翻译研究的一大进步。

三、结语

在全球化的时代，信息的传播和大众传媒的崛起使得全球化与文化的关系尤为密不可分，翻译无疑是信息传播的一种工具，对翻译的研究应该摆脱狭窄的语言文字层面的束缚，将其置于广阔的跨文化语境之下，这样得出的结论才能具有对其他学科的普遍方法论指导意义。当代西方翻译研究的一个最本质的进展是越来越注重从文化层面上对翻译进行整体性的思考，探讨翻译与译入语社会的政治、文化、意识形态等的关系，运用新的文化理论对翻译进行新的阐述，这是当前西方翻译研究中最重要、最突出的一个发展趋势，也应该是中国翻译研究的方向和追求。

参考文献：
1.吕俊.论翻译研究的本体回归——对翻译研究"文化转向"的反思［J］.

外国语，2004.

2.孙艺风. 文化翻译与全球本土化［J］.中国翻译，2008.

3.王洪涛. 翻译学的学科建构与文化转向［M］.上海：上海译文出版社，
2008.

成果七：日语专业学生跨文化交际能力的现状调查和对策研究

Research on Current Situation and Countermeasures of Japanese Majors' Cross-culturally Communicative Competence

李红梅

沈阳师范大学 辽宁省沈阳市 110034

【摘　要】本文从《日语专业学生跨文化交际能力的现状问卷调查》的分析结果，揭示了高校日语专业学生在跨文化交际能力方面存在的问题，阐明了高校日语专业教学中注重跨文化交际能力培养的重要性，提出了高校日语专业教学培养学生跨文化交际能力的基本对策。

【abstract】In accordance with the analytical consequences of Questionnaire Survey of Current Situation of Japanese Majors' Cross-culturally Communicative Competence, the paper reveals problems with cross-culturally communicative competence of Japanese majors in higher education, illuminates significance of placing much training emphasis on cross-culturally communicative competence during Japanese major teaching at college, and proposes fundamental countermeasures for developing college students' cross-culturally communicative competence during Japanese major teaching.

【关键词】跨文化交际能力；高校日语教学；问卷分析；对策研究

【key words】cross-culturally communicative competence; Japanese teaching in higher education; questionnaire analysis; countermeasure research

一、引言

处于全球化趋势加速发展的大背景下，世界各国的政治，经济，文化之间的交往日渐频繁。在这样的时代下，世界各民族之间的沟通和交流达到了极大的发展，文化也逐渐趋于融合。但是当人们同非本国文化者进行沟通交流的时候，依然会常出现各种各样的矛盾、冲突。这样便给跨文化交际带来了困难，甚至导致跨文化交际的失败。因此，"建立在个人的跨文化知识，技能和态度基础之上的，在跨文化交际实践中所表现出来的，进行有效和恰当的沟通能力"（deardorff，2004，P.194）占有极重要的作用。

自从Hymes提出交际能力观以来，国内外学者对交际能力，尤其是对跨文化交际能力的讨论一直没有间断。笔者认为，交际能力至少应包括乔姆斯基的语言能力以及影响语言使用的社会文化能力。但是，跨文化交际和普通交际就差一个字，那就是"跨"字，换言之交际双方来自不同文化背景。背景不同就容易造成交际障碍，因此了解不同文化习俗、思维方式、生活方式等尤为重要。

国家教育部外指委日语教学指导委员会在2014-2016年间，制定《高等学校日语专业教学质量国家标准》（以下简称"国标"）中，多次提出并强调跨文化交际能力。例如，在培养规格中的能力要求中指出："日语专业学生应具备外语运用能力、文学赏析能力、跨文化交际能力、思辨能力，一定的研究能力、自主学习能力和实践能力"。另外，在课程结构和实践环节中提出："专业方向课程可包括文学、语言学、跨文化交流、日本研究等类别"、"开展形式多样的国际交流活动，让学生通过切身了解对象国的社会文化，扩展国际视野，提高跨文化交际能力"。

上述国标中指出的跨文化交流、交际能力主要是指，通过日语学习，从而认识到各国文化的不同，提高对异文化的认识，并能够充分理解异文化之间的差异，从而以开放积极的态度对待多元文化现象；并在这种认识的基础上灵活运用策略解决跨文化交流任务中的各种困难。做到在真正意义上帮助中日两国人士进行有效且顺利的跨文化沟通。总之，国标的最大特点就是跨文化交际交流能力的凸显，能力-素质-知识的结合。那么，我国高校日语专业的学生跨文化交际能力达到了何种水平、在跨文化交际中存在什么困难和问题、如何通过教学改革有效地培养日语专业学生的跨文化交际能力呢。对此笔者在本校，对13级、14级和15级日语专业学生进行了全面的调查和实证研究，并在此基础之上对今后的高等院校的日语专业教学提出一些建议和对策。

二、研究方法

笔者在2017年初，主要通过实地调查和定性分析相结合的方法，对本校的13级、14级和15级日语专业学生共175人进行了《日语专业学生跨文化交际能力的现状问卷调查》。本次调查共设计12道选择题和2道问答题，参加人数合计175人，共发放问卷175份，收回有效答卷170份，回收率为97.1%，问卷采用无记名答卷方式，确保调查结果真实可信。

三、问卷调查结果与分析

1.问卷调查背景

随着现代传播技术的快速发展，2014-2016年间国家教育部外指委日语教学指导委员会制定了新国标，日语学习和教学方式也在不断创新中逐渐完善。区别于传统意义上的单纯传授外语语言知识，此次学习与教学方式的新历史变革还将其扩展到跨文化领域。在学习语言本身的同时还要深入了解此语言背后的国家文化。由此可见，日语教学人才的培养与跨文化交际能力的培养息息相关。在培养日语教学人才的同时，决不能忽视跨文化交际能力的培养并需要将这种培养应用在本科院校，形成更为细致、系统化的培养模式。基于各方面的迫切需要，笔者在注重传统教学模式的基础上对本校日语专业13级、14级和15级学生的跨文化交际能力的表现进行了一次全面的问卷调查。

2.问卷调查目的

自二十世纪九十年代中期以来，以文化为途径的外语翻译理论被大量引入我国翻译学界，极大程度的支持了我国对翻译理论的研究。从而促进了我国当前翻译理论研究的发展。尤其是进入21世纪以后，随着全球化的发展，语言交际环境日益多样化的今天，我国与世界各国之间的各项国际交流与合作更是达到了空前的频繁程度。在以上跨文化传播的良好背景下，在外语人才的培养尤其是在日语人才培养的过程中更不能忽视对跨文化交际能力的培养。需要将这两种培养结合并融合在一起。使培养出的外语人才具备跨文化交际能力与素质。此外，随着国际交流日益频繁，国家对对外文化传播人才从质量和数量上都有了新的要求。笔者通过本次问卷调查的研究，探究出如何培养适应社会需求的、多层次的、高素质的翻译人才，改变对外传播的现状，提高对外文化传播的效果，建设真正的"文化强国"。在对外文化传播人才培养上，要有新思路和创新型培养策略，从而加快优秀翻译人才的培养进程。

3.问卷调查分析

本次研究采用问卷调查的形式，问卷共发放175份，收回有效答卷170份，回收率为97.1%，问卷采用无记名答卷方式，确保调查结果客观可信。笔者根据《日语专业学生跨文化交际能力的现状问卷调查》结果进行了详细的数据统计与分析，具体分析如下。

（1）被调查对象对自己日语语言能力的自我评估

在日语语言能力的自我评估方面，学生普遍认为自己听力水平比较低，口语表达能力基本可以达到日常的简单交流水平，但不够流畅，词汇选择也有障碍。但是阅读水平比较高，除去比较生僻的一些词汇，已经可以掌握比较高级的语法和大多数的基本词汇。而相对的书面表达上的词汇掌握比较丰富且灵活，语法水平相对较高。在回答"日语口译能力方面"时，大多数学生回答"口译时主要用中文思维，口译水平比较差"。总之，在口译能力上，由于没有比较完备的语言环境且实践方面比较缺乏，因而外语思维比较差，有待进一步加强。

（2）被调查对象对跨文化交际能力的自我评估

关于跨文化交际能力的自我评估方面，由于学生在知识获取方面一般仅仅限于书籍阅读或网络了解，基本没有亲身体会或与日本人直接接触的机会较少。在回答"对非语言交际了解程度"时，大多数学生的回答是"知识很少"。另外，在回答"初次接到日本人的电话，您的态度"时，大多数学生回答"心理压力很大，怕无法沟通"。还有，在回答"影响其在跨文化交际中积极主动交往的心理因素"时，大多数学生回答"怕犯错误"或"跨文化交际能力不强"。从以上回答可以看出，学生对外国文化知识的相关认识的了解比较浅显，对专业以外的知识需求不高，了解程度低，并且大多数学生对自己的日语语言和外语交际能力还不够自信。

（3）被调查对象认为可以提高跨文化交际能力的具体途径

在提高跨文化交际能力途径方面，绝大多数学生认为语言文化环境比较缺乏，仅仅依靠课堂阅读获取知识远远不够，缺乏身临其境的体会。在回答"您在跨文化交际方面存在问题的主要原因"时，多数学生的回答是"传统教学模式"；在回答"您认为提高跨文化交际能力的途径"时，有三分之一的学生回答"出国深造"或者"课堂教学"。总之，从以上回答可以看出，外语学习对语言文化环境的需求比较高，因此良好的语言环境有助于提高其外语能力以及跨文化交际的能力。

（4）被调查对象认为口译课程对提高跨文化交际能力的意义

对于"您认为口译课程对提高日语专业学生跨文化交际能力有哪些帮助及其意义"的回答，虽然为数不多，但有部分学生指出，口译这门课程便于了解日本文化，从而能提高跨文化交际能力；有利于增加学生的自信心，了解与日本人交流时的注意事项；还有一小部分学生认为，口译这门课程不仅对于提升个人素养，文献、媒体、新闻的阅读与理解有一定的帮助，而且还可以拓宽视野，缓解与外国人交流时紧张的心理状态。

作为外语人，学习外语的主要目的就是熟练掌握该语言并且能够正确的运用到实际的交流中去，因此高级口译这门课程对于外语学习者来说至关重要。该课程旨在提高学生的口头翻译能力，为学生们日后的工作、学习奠定了坚实的基础，并且加深了大家对该国文化的深入了解。除此之外，口译工作对译员的反应能力要求很高，因此译员必须涉猎各个领域，包括对金融、政治、文化、自然等方面的知识都要有所了解。因此可以通过该门课程，学习到外语背后的文化，从而帮助学生提高跨文化交际能力，对学生今后的日语学习与工作都非常有帮助。

综合以上调查研究和分析我们可以发现，口译在各领域之间的国际交流中起到了非常重要的作用。因此对于连接各国交流的口译的学习也就不容忽视。近年来，对于口译的研究和教学也得到了蓬勃地发展。且在专门研究口译的同时，结合心理学、社会学、教育学、认知学等各学科。从多学科介入角度来研究口译越来越流行。正如马林诺夫斯基(1923)提出的语言"只有置于一定的情景语境下才可被理解"，口译作为一种语言交际活动也需要通过特定的语境才能完成。一名合格的口译工作者既要具备较强的口译能力，又要具备超强的认知能力。

四、 提高日语专业学生跨文化交际能力的基本对策

基于以上数据的分析，我们对此次调查研究进行简单的总结并对今后的高等院校的日语教学提出以下几点建议：

1. 加强跨文化意识

加强跨文化意识，是认知语言学翻译观视角下培养跨文化传播人才的最基本的模式。跨文化交际是指本族语者与非本族语者之间的交际，也指任何在语言和文化背景方面有差异的人们之间的交际。学生通过对跨文化交际的学习，能够在进一步熟悉本国文化的基础上深刻认识异国家文化并学会接受不同文化之间的差异。这样对充分理解异文化起到了很大作用。同时也能够设身处地地理解并尊重不同的文化。对日语专业学生的跨文化意识的培养，单单靠语言方面的传授与灌输是远远不够的。教师应该根据每个学生的特点和认知能力因材施教。在学完应有的语言知识的基础上，将授课范围进一步跨达到文化的学习方面。并在学习中激发学生对日语文化的兴趣。在兴趣辅助的刺激下，帮助学生开阔视野，提高学生对中外文化异同的敏感性和鉴别能力，为培养日语专业学生跨文化能力及素质起到推动作用。

2. 加强语言实践应用能力

加强语言实践应用能力，是认知语言学翻译观视角下培养跨文化传播人才的重要模式。参加商务翻译、旅游接待、外贸业务观摩等，作为课堂教学延伸和扩展，鼓励学生人人参与把书本知识转化为实践应用能力，在参与中学习，自我复合其知识结构。

语言是人类独有的交流载体。只有通过语言，人与人之间才能够正确传达彼此意图，顺利地进行交流。加强日语专业学生的语言实践应用能力，首先要脱离传统教学模式，变换教学模式，探求具有创新意识的教学方法，从而激发学生的学习兴趣，使学生自觉运用日语语言。其次，形式灵活多样地提高学生的读写能力。最后，培养学生多观察、多记录，养成从身边学日语、用日语

的习惯。

因此，想要提高学生的各方面的实际日语应用能力，教师不能只拘泥于教授外语本身，还需要灵活的方法和创新的课堂教学模式。从各个方面入手，结合学生自身的外语水平，将跨文化交际的培养也考虑进去。培养出真正会"说日语"的外语人才。

3.优化课程设置及教学理念

优化课程设置及教学理念，也是认知语言学翻译观视角下培养跨文化传播人才的重要模式。在课程设置中，将专业课程与文化课程设置结合起来，以必修和选修的模式进行双向发展，最终培养出有更为深刻的跨文化双语能力的人才。

围绕日语专业发展的核心——紧密围绕服务辽宁省地方经济社会发展需要，我校日语专业以"技能、知识、素养"培养为核心、以"实践、实训、实务"训练为特色，注重培养学生扎实的日语语言基本功，良好的人文素养，完善语言训练与人文知识课程体系；围绕日本企业所需的文化知识、商务知识、科技知识等建立"行业嵌入式课程体系"，构建校企联合双师教学模式，通过研习、实践、实习等环节进一步完善行业实践教学体系，培养日语基本功扎实、行业实践能力突出的国际化、创新型、应用型日语人才。

我校日语专业在优化课程设置及教学理念方面的具体改革创新举措有如下几点。

（1）依托校企合作模式，培养创新日语人才；

（2）科学设计和修订人才培养方案；

（3）全面梳理课程之间关系，优化课程结构；

（4）深入开展重点课程建设与品牌专业打造工程；

（5）积极建设学生专业实践和教育实习平台等。

4.创建跨文化交流平台

创建跨文化交流平台作为认知语言学翻译观视角下培养跨文化传播人才的最基本的模式之一，有着不可小觑的作用。创建日语角，制定主题文化节，开展寒暑假文化交流活动，善用网络平台等，都可在丰富学生课余生活的基础上，达到跨文化交际能力提升的目的。

通过这些跨文化交流平台的创建，不仅突破了传统的教学模式，还扩大了广大日语专业学生国际交流的接触面。对于增添学生的日语学习兴趣也有更进一步的帮助。在致力于开阔学生的视野，加强文化知识的熏陶的基础上，以各种平台为媒介，以日语为交际语言，使学生们能够自主地学习异文化知识。充分利用网络资源，鼓励学生积极了解不同地域的风土人情，提高学生对异文化的理解程度，从而培养出高素质的跨文化交流人才。

五、小结

营造跨文化的语言文化环境，培养外语学生的跨文化交际能力，有助于学生打破长期受本民族思维方式、认知模式和民族习惯带来的思维定势的影响。在多元文化的国际交流中，将外语融入其对应文化中，使交流顺利进行。从笔者的关于《日语专业学生跨文化交际能力的现状问卷调查》的分析结果中可以看出，日语专业的大学生跨文化交际能力方面存在诸多问题，折射出高校日语专业教学改革的重要性和紧迫性，同时也充分说明了高校日语专业教学改革已经成为提高高等学校日语教学质量，培养高素质人才的重要组成部分。笔者认为，针对存在的问题，采取相应的对策，培养学生的跨文化交际能力，是完全能够做得到的。但高校、教师和学生三者必须形成一个统一战线，高度重视跨文化交际能力的同时，要积极参与教学改革，这样才能收到可喜实效。

参考文献

1. 胡文仲. 文化与交际［M］. 北京：外语教学与研究出版社，1994.
2. 顾嘉祖. 跨文化交际［M］. 南京：南京师范大学出版社，2000.
3. 陆留弟. 关于高级口译人才培养的思考［J］. 国外外语教学，2003（1）：58-61.
4. 顾嘉祖，陆昇. 语言与文化［M］. 上海：上海外语教育出版社，2005.
5. 王寅. 认知语言学［M］. 上海：上海外语教育出版社，2007.